庫文津問

天津记忆第三十种

主编　王振良

守望家园

天津市非物质文化遗产散论

天津社会科学院出版社

李治邦　著

图书在版编目（CIP）数据

守望家园：天津市非物质文化遗产散论 / 李治邦著
. -- 天津：天津社会科学院出版社，2019.2（2021.5重印）
（天津记忆 / 王振良主编）
ISBN 978-7-5563-0543-8

Ⅰ.①守… Ⅱ.①李… Ⅲ.①非物质文化遗产—介绍
—天津 Ⅳ.①G127.21

中国版本图书馆 CIP 数据核字(2019)第 010408 号

出版发行：天津社会科学院出版社
出 版 人：张博
地　　址：天津市南开区迎水道 7 号
邮　　编：300191
电话/传真：(022)23360165（总编室）
　　　　　　(022)23075303（发行科）
网　　址：www.tass-tj.org.cn
印　　刷：永清县晔盛亚胶印有限公司

开　　本：880×1230 毫米　1/32
印　　张：6.25
字　　数：140 千字
版　　次：2019 年 2 月第 1 版　2021 年 5 月第 2 次印刷
定　　价：78.00 元

火热的治邦

张春生

　　认识三十年了,只要见面,总觉得治邦浑身是劲,风风火火,从未想过他会年老退休。

　　治邦有多重身份:群艺馆长、小说作家、文化学者,都做得不错,还很有特色。作为馆长,一干就是二十几年,工作地点几经搬迁,天津群艺馆也在市里和全国声名鹊起;作为作家,笔耕不辍,用业余时间写作,著有十几部长篇小说和几十部中篇小说,几乎每年都有佳作入选《中华文摘》《小说月报》,并在天津市的青创奖中获得提名;作为学者,自21世纪初负责天津市的"非遗"中心到如今担任天津市"非遗"协会会长,一直对津沽大地的非物质文化遗产予以深入调研和系统分析,从天津第一批项目遴选到第四批公布名录,从市级到国家级的上百个技艺本身和"非遗"传承人,都装在治邦的心中,每次提及,如数家珍,侃侃而谈。濒临消失的张派大鼓、零散无序的太平歌词、前迹难寻的天津快板……都在治邦的推动下入围市级"非遗",传承人的言传身教、著书立说也得到了落实。

我有幸参与天津地域文化和非遗的研究，在和他有关非遗事项的接触中，深感收获颇多。

首先，他的实际经验非常丰富。治邦的足迹遍及天津区县，各地一年几趟地做实地考察。京剧、评剧、梆子，他了解深入，到了知历史、懂流派、识内情的地步；大鼓、快板、相声，他见识深刻，到了能表演、有理论、抓要害的程度。即使是中医药的工艺流程、餐饮小吃的制作技艺，只要是在津沽流传的，他都能下功夫去琢磨。因此，他与天津非遗，不仅仅是工作关系，而是以主人的胸怀，去作非遗文化传承的坚定践行者、支持者、领导者。

其次，他的小说创作是非遗文化研究的深耕与准备。治邦从年轻时就写小说，先中、短篇再长篇，以底层都市生活、父辈家庭人生和时代社会矛盾为主要题材。他写父辈，常用父兄的历史痕迹揭示当代意识的某种异化，描绘出老一辈的执着，对后一代而言则是追求，尽管时代变化，但是父兄的嘱托，应当牢记。他写都市，注重津门地域文化对人物性格的影响，而浓郁的天津民间风俗，常常是治邦小说的华彩，使得作品具有海河文化所特有的雅俗交织、大俗大雅的韵咔。尤其是胡同、大杂院里那衣食住行的粗犷被浓烈的人情、乡情所包裹而产生的故事，令治邦的中短篇有着"精彩"、长篇有着"气度"，不少佳作凸显出天津汉子的精气神。他写时代、社会能触及法规、官场和贪腐，可以窥见生活的深度。这也说明他对天津文化的观察、了解与把握。他原籍河北冀中，又在部队经受锻炼，但津沽已是他的第一故乡。据我所知，九河下梢那些民间传说和故事，治邦都非常了解，这又折射出他对天津非遗熟悉并谙知的程度，对天津非遗文化全面而深邃的探求。

　　再次，他的理论深度是植根在中国优秀文化必须迫切保护的责任感上。前几年，非遗的突出问题是传人往往年纪很大，传承条件欠佳，治邦既忧心又焦虑，每每在各种场合大声疾呼，创造机会组织我们和相关同志去考察，多次抓促进的活动，不断推宣传的稿件，他自己更是花费精力写非遗文章。正是如此，治邦的非遗理论很少掉书袋，而是从生活和材料中总结，从鲜活的文化中去归纳。同时，他在天津以非遗主任和会长的身份到处演讲，在全国以文化部专家的身份巡回演讲。我听过几次演讲，他几乎不照稿陈述，而是把知识与热情化作一股奋斗在非遗文化中的热流，感味着每一位听众。从这一角度，也可看出治邦在为了非遗拼搏。

　　今天，治邦要把关于"非遗"文化的文章结集成书，这不仅是非遗文化研究走向深入的一个表现，也是对他理论研究的一个系统总结和全面展示。相信治邦的这本书，会给我们以思考，并有益于非遗的保护与发展。

　　是为序。

2017 年 7 月

目 录

曲苑新谭

名家杂记

他山之石

津沽琐忆

海河两岸的文化建筑和
"非遗"故事

一

中国以河流为中心的城市很多,上海、广州、重庆、兰州、哈尔滨等,天津并不是最出众的,但海河给天津的城市定位和文化带来了巨大的影响。九河下梢汇聚在海河,凡是到过天津的人都体味到它的独特,弯弯曲曲,于是,天津整座城市都紧紧围绕着它在流动,它是天津城市发展的一条轴线。所以在天津没有东南西北,只有左右。其实,海河并不宽广,距离海河比较远的地方完全可以建造得有南有北,四四方方。天津城市就是固执地以海河为方向,所有建筑都向着它朝拜。在长达百年的近代史中多是以海河为码头,漕运给海河带来了无限生机,包括经济和金融,但更多的是一种文化。天津的海河码头把南来北往的文化都融入其中,形成了独有的多元文化,特色交融。我曾经看过一张民国初期拍的照片,在望海楼的码头有数不尽的桅杆树立,可见当时的繁华。围绕着海河,有上

百座的茶楼和戏园子,张寿臣、常宝堃、马三立、侯宝林、刘宝瑞等
上百位相声大师云集。有京韵大鼓名家刘宝全和小彩舞、梅花大鼓
名家金万昌和单弦名家荣剑尘、常澍田、谢芮芝等。有梅兰芳等四
大名旦和马连良、谭富英等四大须生的火爆登场。有银达子、韩俊
卿、金宝环、王玉磬、宝珠钻等河北梆子名家的精彩亮相。有李玉
芳、新凤霞、花月仙、鲜灵霞等评剧名家闹响津门。在海河临岸的南
市,走几步就是一个老茶园,京剧、评剧、梆子、评书、相声、快板、大
鼓、时调、坠子等轮番上演,想看什么有什么。南市最出名的除了燕
乐、连兴以外,还有中华茶园、丹桂戏院、大舞台戏院等。这么多茶
园和戏园子就是因为有了海河以及数不清的大大小小的码头,使
天津成了南北方物流的集散地,引来了多元的文化。我喜欢中国大
戏院,我曾经去过全国很多的剧院,但像中国大戏院那样保存住原
貌的还甚少。

　　我听父亲说过,在天津解放以后,他作为接收人员去中国大戏
院。他为中国大戏院开了几天的戏单子,来的都是菊坛名角。我在
中国大戏院的舞台上主持过活动,有次话筒坏了,我就在台上干
说,可下面依然听得清楚。我听老观众说过,过去金少山在后台喊
上一嗓子,后面的观众耳朵都嗡嗡的。我想也许夸张了,但说明这
座百年老戏院的无穷魅力。南市闻名遐迩的天后宫妈祖文化,近百
年迅速崛起,还有后来葛沽宝辇和汉沽飞镲等国家"非遗"项目的
相继诞生,这都是历史发展的必然。

二

　　海河是天津人民的母亲河,海河两岸有一系列的著名历史文

化建筑,还有很多"非遗"的故事在这里传承和发展。一位来自意大利的著名教授称最令他难忘的地方便是海河畔的意式风情区。他说那有着与五大道截然不同的特点和味道,因为那是意大利在域外的唯一一处租界。对于来自各地的游客而言,意式风情区是个极具价值的游览地,它给海河增添了一段历史和一份记忆,每一座小楼都有着中西文化融合的来历和故事。海河两岸的名人故居和历史遗存也众多,不比塞纳河两岸的逊色,体现了天津深厚的文化底蕴。

李叔同故居在海河岸边,按照前门朝东,后门朝海河,坐北朝南的原则设计,保持了原故居的建筑规模和建筑风格。戏剧大师曹禺的故居坐落在意式风情区一个静谧幽雅的院落里,两幢暗黄色意式小洋楼,一幢为曹禺故居博物馆,一幢为新建的曹禺戏剧生涯纪念馆,不仅展出了大量介绍曹禺生平事迹的图片、书信、手稿、出版物和实物,还辟有多间小剧场、音像馆和报告厅,功能多样,动静结合,成为全面解读曹禺艺术思想形成过程的绝佳平台。我有幸在曹禺剧院建成不久,把自己的新剧《给你点儿颜色看看》放在话剧大家曹禺的出生地演出。也不知怎么的,演员一上台,我就觉得气场都彰显出来了。想当初曹禺就在这里创作了《雷雨》,那年他才二十岁出头。前不久我去重庆,得知在解放碑附近的一个翻修后的老剧场,是曹禺《雷雨》首演的地方。当年,曹禺曾经在一片破旧楼群里寻找自己的故居,一眼便发现,让陪同的人面面相觑。

曹禺想不到若干年后,他的故居附近的意式风情区成为全国著名的文化群落。意式风情区注重环境整体美,如在广场建纪念石柱、铜人、喷水池和园林小品。当然,很多应该是恢复,有过去的照片作为依据。这里的楼房均为庭院式、别墅式,并注重美化、绿化,其房顶多为意式角亭。有圆亭、方亭之别,圆柱或者方柱划分,并分别由圆拱、平拱、尖拱、连拱、垂柱点缀。这些角亭高低错落,构成优美的建筑空间,勾画出一道"世界建筑博览会"的亮丽风景线,是亚洲仅存的一片原汁原味的地中海建筑群。我曾经在这里邂逅一个北京的朋友,他对我说这几年前前后后来了十几次,实在是流连忘返。

三

由于天津的意租界环境优美,设施完善,文化气息浓厚,因此吸引了当时不少文化名人入住,如梁启超、刘髯公、华世奎等。此外,北洋政府的重要官员曹锟、曹锐、王占元等也都在这幽雅、充满浪漫色彩的地方购置私宅。意式风情区的名人名楼,其建筑的美,与居住者显赫的历史地位相结合,成为这一区域小洋楼最重要的价值。因此,发生在这一地区小洋楼里的故事,也更加传奇。一位做房地产的老板曾经感慨地对我说,这些历史文化名人的房子都保留下来,没有被拆掉,也算是传奇了。在意式风情区里安静地行走,仿佛进入了另一种历史。我曾经陪着很多外地朋友来这里,一位摄影家感叹地对我说,有风景的地方一定会有欣赏风景的人,才能算是有风景,天津人懂得保留历史,就是懂风景的人啊。这句话深深打动了我,真是风景在人的文化蕴藏中,风景就有了内涵。

我是喝海河水长大的天津人,从孩提起,我就爱在海河两岸行走。海河文化不仅是码头文化或者说是漕运文化,更多是给天津带来了一种容纳百川的胸怀，还有乐观豁达的性格特征。西洋的文化能接受，中国各地的文化能喜欢，也乐于传播，不排外，不起哄，没有天津的集粹意识。天津过去的小巷胡同里的吆喝就说明这点，都是河北、山东和河南一带的人过来做生意，吆喝的口音也是带着浓重的地方口音。这些吆喝给海河增添了一段历史和一份记忆，也说明天津海河码头带来的各种生意经买卖道，亦成为事后的"非遗"项目。煎饼馃子、锅巴菜、狗不理包子、耳朵眼炸糕、十八街麻花等都在这里繁衍，不仅是小吃，更是一种天津市井文化伴随着海河水的升华。前年，我在三岔河口岸边的一个旧民居，听了民俗专家韩冬演唱的海河渔歌，很是好听。他对我说，过去在海河上的船只都会有这样的歌声传来，唱了一百多年，坐在渔船上听着船夫唱着渔歌，在海河上航行是多么惬意的事情。从另一面说，天津人到外地的很少，大部分人安于现状，生活多窘迫，日子多艰难，都愿意守着这块土地，这就是天津的土话"杵窝子"。

四

在海河两岸有多处寺庙，著名的如海河西岸的挂甲寺，还有海河北岸的大悲禅院。大悲禅院是天津目前唯一的一座十方丛林寺院，据史料考证为明代创建，是天津保存完好、规模最大的一座八方佛寺院。望海楼天主教堂是一座规模较大的建筑物，也叫天主教大会堂或圣母得胜堂，砖木结构，除塔楼外大部分建筑为二层，青砖墙面，尖拱式门窗，入口两侧设有扶壁，内部有三道通廊，中廊稍高，侧廊次之，属巴西利卡型。另有平顶的塔楼，后来又在礼拜堂四角设立了小角楼。望海楼教堂几乎成为近代天津的标志性建筑。大悲禅院和望海楼同在海河一侧,中西文化彰显着各自的符号,相得益彰。袁世凯故居在海河东岸,是一幢德式外观的小洋楼,宅邸最引人注目的是四周墙身托起的又高又陡的红色双坡顶以及在屋顶上建造的扣钟状的采光亭,小楼内部结构包含了许多中世纪遗风,极具欧洲古典情调。冯国璋故居坐落于袁宅的对面,端庄素雅的奥地利式二层小楼。没修复前,我曾经在这里与冯国璋的后代、著名相声演员冯巩聊天。天后宫俗称娘娘宫,建于公元 1326 年,每年都举行隆重的妈祖信仰的皇会,是国家级的非物质文化遗产,百戏云集,热闹非常。记得前几年,我们在这里举办妈祖节。那年,我们选中的是远在蓟县的天津体育学院舞蹈系的节目,其中就有妈祖盛装出现的舞蹈《慈航普度》。但当时汽车在高速公路上堵车了,我焦急万分,眼看着就要耽误上台演出了。突然见到演员们都到齐了,扮演妈祖的演员已经从容镇定地在候场。演出获得成功,事后我听领队激动地对我讲:真是奇迹,一切都突然顺利起来,好像有什么指引着我们到了这里。天津人对妈祖信仰的虔诚感天动地,得知妈祖信仰成为世界"非遗"项目后,大家在天后宫一起击掌庆祝。

古文化街也随之繁荣昌盛起来,走进去能看到各种"非遗"的传统项目,如杨柳青年画、泥人张彩塑、风筝魏、崩豆张、老美华、益德成、刻砖刘等,像是一座"非遗"博物馆。每一个"非遗"项目都有着一个故事,每一个故事都是那么曲折、动人。

五

说到海河两岸的文化遗存一定要提到利顺德大饭店。1863 年建成,是唯一一个作为全国重点文物保护单位的酒店,里面珍藏着饭店历史上最珍贵的文物史料。利顺德大饭店迄今保留着英国古典建筑风格和欧洲中世纪的田园乡间建筑特点，也是天津乃至中国近代历史的见证。我曾经有幸在里边居住过一段时间，是为了创作电视剧。乘着中国第一部电梯在楼中上下，有一种穿越的感觉。与利顺德毗邻的金融街虽历经百年风雨，但街道两旁一幢幢造型别致的建筑物大多仍保持原始面貌，希腊、罗马、哥特、日耳曼、俄罗斯等古典建筑风格扑面而来，异国气质令人过目不忘。

　　海河两岸还有很多著名的文化遗存与历史名人。有的我们记得，有的或许已经被我们忘却了。但历史是公正的，总能在不经意间让我们找到过去。"晓日三岔口，连樯集万艘"，"十里鱼盐新泽田，二分烟月小扬州"。这都是自元代以来，一些文人赞美天津海河两岸的秀丽景色写下的诗句。九河下梢，汇聚于海河。海河弯弯曲曲，造成了天津这座城市沿着海河而建。海河像是一条珍珠项链，穿过了热闹的市区，也引来了春天般的万紫千红。历史赋予天津丰厚的文化遗产，都在其内处处典存着。海河东下奔往不断进步的生命，南北交汇直到如今，见证着天津发展的奇迹！

宁河是天津优秀传统文化的聚集地

翻开天津的版图，宁河在东北部，连接了京津冀和东北平原。秀美的七里海，营造了浓郁的文化氛围。自古以来，这里思想开化，文脉兴盛，养育了无数的文人雅士、民间艺人。天津的优秀传统文化特性都在这里一一显露出来，尤其是天津民俗文化、民间绘画和戏剧民间艺术更是保留得很完整，传承和发展得到重视，人才精英荟萃。

比如宁河老百姓每逢过春节，家家户户要贴一张灶君，然后是纸马，一对门神。窗户上要贴上巧手剪出来的窗花，喜气洋洋。宁河的剪纸很发达，家家刻剪纸，染红纸，代代口传心授。剪纸也是当时众多家庭收入的来源之一，在内蒙和东北三省热销。此外，各种民间花会也丰富多彩，高跷、舞狮、秧歌等，传统民间音乐也接踵而奏。最热闹的是元宵节，吃元宵、赏花灯、猜灯谜、走百病等。这些习俗，经过几代人的传承，地方特色越来越浓厚。

东丰台木版年画始创至今历经数百年，以其独特的文化、艺术魅力成为民族特有的精神财富，对民众的影响以及对弘扬民族文化、彰显民族精神具有非常重要的现实意义。东丰台的木版年画与杨柳青年画如同姊妹花，它的文化内涵，为宗教学、民俗学、社会学、经济学、美学、考古学、传统绘画史提供了重要的图像资料，具有很高的研究价值。东丰台木版年画汲取民族文化的精华，尊奉传统的伦理道德，多取材于民间世俗的社会生活，深受老百姓的喜爱。冯骥才先生说过，杨柳青年画的受众大都是城中的市井人家，东丰台年画则是农民。杨柳青年画里娃娃抱的都是金鱼，东丰台年画却是鲤鱼。杨柳青年画里的人物都是凤眼，东丰台年画只画活眼。确实，两地年画虽然距离接近，风格却不同，显示出宁河民间绘画的独特之处。

再比如宁河的评剧早在 19 世纪就已经出现，并且迅速地发展繁华。北京、天津和唐山都是中国评剧流行区域，优越的地理位置使宁河评剧从一开始形成就具有北京、天津及唐山的风格特点。宁河评剧形成于清朝末年，在百余年的发展中，各种流派都在这里汇聚，然后相得益彰。宁河的评剧生活气息浓郁，有亲切的民间味道，善于表现老百姓的故事。1950 年宁河成立艺新剧社，筱俊亭、李筱舫、杨玉春等名家先后加入，后来鲜灵霞、花玲霞、张桂霞等三霞陆续助阵，把宁河的评剧推到了一个高潮，深受京津唐及东北广大地区人民群众的一致好评，成为中国民间艺术中的一朵奇葩。还有七里海河蟹面传统制作技艺，蟹味浓厚，汤汁鲜美，面条爽滑，也是我国民间古老饮食文化的一份优秀遗产。它在中华民族的饮食大花园中独树一帜，保留了天津民间饮食文化，具有悠久的历史价值，是全国知名的、天津特有的民间风味食品。发掘、抢救、保护七里海河蟹面传统技艺，对研究民间饮食文化、保护文化多样性都具有深远意义。

提起陶艺,宁河板桥镇盆罐村历史悠久,民间文化积淀深厚,是我国著名的手工制陶生产地之一。盆罐村的制陶采用的陶土是取自当地的黄黏土,即黄河泛滥沉积下的黄黏土。产品更多的是从生活实用出发,设计新颖巧妙,讲究实效,好看,耐用。长期以来,盆罐制作工艺在宁河经济发展中曾经发挥十分重要的作用,也一直是盆罐村村民的重要经济来源,这一生产技艺是劳动人民长期实践的体悟和智慧的结晶,富有实用和艺术鉴赏的双重特色,具有史料价值和研究价值。宁河的木雕汲取了石刻、绘画和泥塑等长处,工艺从民间家具、建筑、佛像雕刻逐步发展起来,保留自然形态,因势造型,因材施艺,精雕细刻,形成了自己的特色。由于宁河民间雕塑的特色鲜明,曾经被文化部命名为中国民间根雕、木雕艺术之乡。

宁河的口头民间传说、谚语、儿歌、歇后语的资源也很丰富,其中杨七郎墓的传说就被评为国家级"非遗"项目,流传广泛,生动鲜活。对振奋民族精神,继承民族遗产起到了重要作用。宁河的优秀文化来源于当地老百姓的挚爱,他们口耳相传,一代一代传承下来。他们在不断的传承和实践中,注入了历史文化的重要因素,也使优秀传统文化不断延续。

天津小剧场演出市场的前前后后

我们到丽江会看《丽江印象》,去杭州会看《杭州印象》,在桂林会看《印象刘三姐》,到武夷山会看《大红袍》。那么来了天津会看什么,特别是京津城际开通后的这些年,如何把这两个特大城市的文化旅游紧密联系在一起,值得探讨。天津在京津双城记中如何找到文化旅游的位置,天津与北京相比,又有哪些文化演出市场的特色优势,这些已经成为天津文化旅游亟待思考的问题。

天津的小剧场曲艺可以追溯到清代,至今有二百多年。那时不叫小剧场,而是称作茶楼。随着茶楼在天津的日益兴盛,设备日益完善,东马路袜子胡同的"庆芳茶园"、侯家后北口路西的"协盛茶园"、北大关金华桥南的"袭胜茶园"和北门里元升园的"金声茶园"津门四大茶楼崛起,但保存至今的仅剩下金声茶园一家,也就是现在鼓楼里边的元升茶楼。20世纪的二三十年代,随着南市商业聚集区诞生,一批小剧场应运而起,一批有声望的相声演员和鼓曲演员开始崭露头角。比如张寿臣在南市的通海茶社亮相,博采众长,匠心独运，大胆创新，取得了卓越成就，成为我国相声艺术界重要的代表人物。相声名家侯宝林也是在南市的燕乐茶楼登场，一炮而红。也是燕乐茶园，京韵大鼓几大流派名家刘宝全、白云鹏、张小轩在此都有过不同凡响的表演。天津的小剧场曲艺一直火爆到了"文革"前夕。粉碎"四人帮"后的文化繁荣也最早出现在南市的小剧场，群星、淮海等开始复苏相声和鼓曲，马三立、郭荣启、骆玉笙、阎秋霞等回归小剧场。可惜随着市场经济的不断推进，2008年4月11日，一名工作人员将小剧场最后物品搬出，并顺手拉下卷帘门，曾经名人汇聚的老南市百年燕乐剧场关闭了大幕。

这几年，天津加大了对文化演出市场的扶持，使得具有"曲艺之乡"称号的天津在全国有了显著位置。这里最突出的应该是非常宝贵及独特的曲艺传统，尤其是相声，在天津越来越多地被认识，被渲染。随着这几年天津茶馆相声的名声大振，去天津听相声、赏鼓曲的观众越来越多。著名相声演员于宝林和冯宝华率先在二十年前重新回到小剧场，天津茶馆相声兴起。当然这不是偶然的，有几个重要因素。一是天津人到茶馆看曲艺已经有二百年的历史，形成了传统和习惯。二是距离同样有文化欣赏经历的北京太近了，北京听不到的，在天津能听到价格便宜且原汁原味的相声、鼓曲。三是现在的演出市场活跃，好节目接踵而来，天津老百姓已经有了买票去看演出的习惯。四是去小剧场方便，能跟演员近距离接触，喝茶聊天，丰富生活。五是天津有了一批能够在小剧场登台的演员，老中青结合，并且拥有了自己的观众群。

在北京，小剧场的曲艺演出场所大体在十家左右，比较热闹的超不过七八家。除了德云社以外，更为响亮的团体还不算多。很多观众纷纷跑到天津寻找传统文化，欣赏原汁原味的相声和鼓曲。在北京，小剧场话剧越发繁荣，几十家同时演出，每年能更换几十个新剧，民营剧社喜笑颜开。北京外来人口的增多，欣赏传统文化的习惯在减弱，现代化多样化的演出也消弱了相声和鼓曲的根基。在苏州，能够经常演出评弹的小剧场不过三四家，而且是谁去了给谁演，客人一走演员只能等着。但在天津小剧场十年间发展得越来越多，比如名流茶馆、天华景、谦祥益、中国大戏院小剧场、明月、西岸相声会馆、大金台、金乐、同悦兴、元升等，现在滨海新区也开始出现小剧场相声的演出。目前全市具有演出能力的小剧场有几十家，能听相声和鼓曲。小剧场的票价也不算太贵，每位观众20元、40元、60元不等，可自带零食，茶水另收费，可以说是物美价廉。但现在票价有提高的趋势，如果小剧场的票价抬高过快，也要引起警惕，因为天津喜欢相声和鼓曲的观众消费承受力是比较脆弱的。有一家小剧场曾经将票价提高到了80元，很快就显得冷清许多。不论怎么说，天津人几百年的码头文化根深蒂固，对小剧场相声和鼓曲情有独钟，土壤肥沃，传承扎实。

天津小剧场的经营也是五花八门，有单位经营的，也有承包给个人的，更多的是个人经营。西岸相声会馆就是企业和政府携手，天津相声广播有力介入，形成一种独特的经营方式。天津的小剧场设施还算是舒服，环境比较干净，只是演出环境和氛围还需要梳理，台底下比台上热闹。天津有个振北曲艺团，他们有自己经营的明月小剧场。这个小剧场就有一个好的环境，老观众多，票价定得低，一年四季总是有演出，相声、鼓曲、戏曲，刮风下雨都没有停歇过。著名相声演员马志明有时也过去票几段，唱的都是他喜爱的白派京韵大鼓。他之所以去就是因为喜欢那种浓郁的鼓曲氛围，还有那可爱的观众。谦祥益坐落在红桥区的估衣街，借助着这块老牌子塑造了老茶楼的特色,有前厅,也有后场,很受演员和观众的追捧。名流茶馆的建设速度也很快,几年间便有了三处演出小剧场,都在市中心,连锁经营,有自己的团队,也有自己的管理分配办法。西岸相声会馆环境比较舒服,坐落在人民公园里,装修古朴典雅,民族韵味浓郁。天华景应该算得上得天独厚,有着百年历史,又在繁华的劝业场楼上。人流多,老户多,自然就有了天津曲艺的感觉。和平文化宫的小剧场也很有环境营造能力,周边挂的都是京剧脸谱,干净敞亮,有一种皇族茶楼的气派。评书名家刘立福在这说拿手绝活《聊斋》,有老辈陈士和的风范,观众很是踊跃。

天津小剧场过大年,除了除夕到初五这几天封箱,剩下的就是天天演出。天津人的小剧场有着天津人解不开的情结,这也是一个欣赏传承,祖辈这么看过来的,怎么也割舍不掉。说起小剧场的服务,天津的软实力还没充分体现出来。听老人讲,过去的天津茶馆服务人员跟观众熟悉到都能喊出名字,服务得很舒服,和到了自己家一样。现在怎么能服务好,谁去服务好,怎么能与台上的演出相融合,确实已进入天津小剧场经营的重要课题里。

天津的小剧场向来是走平民路线的,但随着天津文化地位的迅速提升以及旅游市场的迅猛发展,小剧场的演出要有前瞻性,要学会和研究吸引观众的手段和方法,针对不同的观众群体,纳入更高端、更丰富的消费方式。小剧场的经营,也不能完全靠个人,也要有政府、企业、民间几方面的投入或者股份制等市场办法。北京朝阳区文化馆的京剧小剧场就是政府等几方面的投入,成为北京一个文化演出的独特景观,国外的游客络绎不绝,需要预约才能看到。观众走进小剧场,从演员化妆起就开始欣赏,安排和设计十分独到,让一个我们本来十分熟悉的京剧有了新内容和新形式。

现在,市曲艺团和市艺术职业学院开始介入小剧场的演出,他们可以按照自己的艺术思路和规划去演出,去发展更大的空间。比如天津曲艺团的张楷、王喆、王莉、冯欣蕊都是在全国有影响的鼓曲演员,这么强的阵容在小剧场演出应该说在全国都不多见。而籍薇、刘秀梅、郝秀洁等更是闻名遐迩,一位来自广东的曲艺观众看完后激动不已,说是饱了一辈子的眼福。今晚大舞台算是个小剧场,有400多个座位,观看环境比其他的茶馆显得正规,而且灯光音响也都很现代化,让耳朵和眼睛都很舒服。但如何能吸收小剧场曲艺的优势,怎么和旅游部门协商,争取更多的北京观众到小剧场里来观看演出是很重要的。这里不光是演员的问题,还有老生常谈的服务和环境包装问题。目前小剧场的相声鼓曲演出团体很多,仅相声就有市曲艺团、哈哈笑、众友、名流、九河、天广乐等十几个,有几百个演员,由老一代相声演员尹笑声、黄铁良、刘文步、张奎清、佟守本、邓继增等领衔,又有尚处在艺术高峰期的佟有为、马树春、郑福山、赵津生、杨威、于浩、袁春起等坐镇,裴英俊、于丹、刘春山、许建、李梓庭、孟令一等一批青年相声演员众星捧月。天津小剧场相声的师承关系很清楚,几位老前辈都在认真地传教徒弟,非物质文化遗产的传承作用很有示范性。比如著名相声演员魏文亮和刘俊杰收徒就有几十个,大部分在小剧场演出,成为中坚力量。他们中不乏真心喜欢相声艺术,想在小剧场终身从事这个职业的有为青年演员。

但现在也面临着问题,就是新作品少,传统作品的整理和翻新贫乏,翻来覆去就是那么几十个段子,不能满足观众的欣赏需求。还有就是脏活、荤活夹着,尽管有笑声,但也给我们带来忧虑。还有日益旺盛的送花篮模式,说送花篮补充了小剧场的经营不足,给演员带来不菲的收益。但副作用也很明显，就是铜钱的味道越发浓重，花篮成了某些演员的追求目标，观众纯粹观赏的味道也在悄然变异。据不完全统计，全市有几十家民营剧团在小剧场演出，相声居多，鼓曲偏少，但鼓曲现在也有上升趋势。从鼓曲上升能看出观众欣赏口味的多样性，而且欣赏鼓曲的年轻人居多，京韵大鼓、梅花大鼓、单弦等受到追棒，这就给小剧场的曲艺舞台带来变化。今年，天津电台文艺台在谦祥益做了两场鼓曲专场，很多中青年鼓曲演员张口就能唱出地道的韵味，而且流派纷呈，台下的观众也如痴如醉，显示出天津传统文化艺术的底蕴。

天津几十家小剧场的兴起，使广大市民尤其是曲艺爱好者有了固定的欣赏场所。天津民营剧团孵化基地也在努力推动公益性的演出，受到了市民的广泛赞誉和欢迎。今年有将近万名观众免费观看了民营剧团在小剧场组织的相声鼓曲演出。他们在享受艺术、感悟美好生活的同时，也有了展示自身艺术才华的机会。在民营剧团的带动下，有一大批文艺爱好者登上小剧场舞台，积极参与到剧团的排练演出活动中，展现了民营剧团"平民文化平民爱"的又一艺术特点。可喜的是，除了曲艺团外，其他专业剧团也来到小剧场演出，提高了小剧场演出的艺术性和观赏性。

天津小剧场演出面临的最大问题，就是资源很散，各自为战，甚至互相扯皮，更有甚者实行了打压。票房的压力，储备资金的薄弱，管理人的视觉局限，都给经营带来难题。摆在我们面前的尖锐问题就是如何整合小剧场演出的资源，形成一种连锁演出的趋势。天津的小剧场的优势很多，但都是分散的，没有在全国出名的品牌，没有专门为小剧场策划和指导的组织。应该努力树立品牌，打造出名的小剧场，推出小剧场的名演员、名剧目。现在杭州、武夷山、桂林、西安、丽江等，都有这方面的组织者，低成本高运作，营销手段丰富多彩，成为必看的演出项目。那么，天津的小剧场由谁来运作？现在各区搞各区的，全市没有统一的策划和科学安排，政府介入的扶持力度还尚未显现，这都是发展的瓶颈。前不久，市文联组织了小剧场的相声展演，天津群众艺术馆和红桥区文化部门举办了全国小剧场新相声作品比赛，收效都很明显。这就给我们一个启示，如何集中优势打好歼灭战，如何互相补台，互相协作，资源共享，确实是发展天津小剧场演出的一个重要环节。再有就是正经八百的相声表演在小剧场受到排挤和冷落，不说低级下流的言辞，现场效果就不好。台上一喊"爸爸"，台下肯定异口同声地答应。一沾黄色段子、低级趣味，台下肯定"咦"声一片。于是有不少观众问，难道这就是当今小剧场相声应该面对的观众吗？难道这就是听相声的观众应有的素质吗？当然，这只是个别现象，但如果不加以引导和管理，只怕会蔓延开来，再管理就困难了。

观光在北京，休闲在天津，这应该成为天津未来发展的城市文化主要定位及主旋律。城际铁路的开通，固然为天津小剧场演出的发展提供了一个千载难逢的转型机遇及高效催化剂。不过，这也是个"放大镜"，更多的游客涌入天津，城市各方面需要改进的地方还有许多，比如小剧场的周边布置，演出广告的常规化和步骤化，宣传的艺术煽动力。休闲在天津是需要兴奋点的，小剧场不能成为小气候，要做出大文章。没有能留住客人住两三晚上的好去处，没有一系列的丰富多彩让人流连忘返的小剧场演出，何谈休闲两字。

杨柳青剪纸挂在窗上

　　都知道杨柳青年画风靡世界，可杨柳青的剪纸也是名不虚传。前几年，天津举行全国的非物质文化遗产博览会，来自于全国的"非遗"项目云集博物馆，真可谓五花八门，花样繁多，令人目不暇接。在开幕式策划上，大家形成共识，那就是把四张超大的杨柳青年画风格的剪纸悬挂在展览馆。这一任务，最后落在民俗专家也是剪纸高手的黄殿祺先生身上。于是，我们开始接触，都想到要把杨柳青年画里抱金鱼的娃娃刻在上面。那天说得高兴，说用杨柳青剪纸艺术再现杨柳青年画精粹，让四个抱金鱼的喜庆娃娃给走进展览馆的人一个碰头彩。任务交给了黄殿祺，我还是很担心，这个创意以前从来没有进行过，不知道黄殿祺有多大把握。那天晚上，我给黄殿琪打电话执意要看看，黄殿祺无奈地说，那你过去吧。他找了河东区一个空厅，我一进去就被吸引住了，四个抱金鱼的娃娃已经躺在地上，活灵活现地看着我。我就觉得太大了，黄殿祺告诉我，不大，挂起来就显得小了。开幕式那天，来自全国的"非遗"朋友看到四张杨柳青年画风格的剪纸挂在上边，效果十分震撼，也开创了中国剪纸之最。

每次举办"非遗"展示会，我都会看见一对来自杨柳青镇的夫妇忙碌剪纸，剪得很是秀美。我哪次去他们都要送我一幅，弄得我不好意思。两个人乐呵呵地说，杨柳青的剪纸就是送福的，谁得到了谁就有福了。这么一说，我只能接下来。剪纸的一刀一剪都透着心血，栩栩如生。有的线条很细，稍微不注意就破掉了。我问他们，刻一幅需要多久？他们回答，有的需要一个多礼拜或半个月呢。我曾经去杨柳青探寻过剪纸人，他们很是辛苦，因为杨柳青年画名声太大，就弱化了杨柳青的剪纸。这些剪纸人握刀伏案，手随心动，刀随手成。我见过一个剪纸人，没有草图，手就这么随心所欲地在纸上漫游，于是一只虎、一头豹、一束花、一盆果就跃然纸上。我好奇地问他，你没有草图，那根据什么就剪出来了呢？他笑了笑，说真没有一个草图在脑子里，就是手一动，你想的东西就涌上来。后来我把他的一些事情重新构思，写了小说《剪纸》，还翻译出版到了欧洲。

杨柳青的剪纸就如同这座民俗风情强烈的城镇一样，虽然历史并不特别悠久，但特色很鲜明。每逢春节到来，杨柳青镇上无论大街上的商铺还是小巷居民，都喜欢把五颜六色的剪纸贴上门窗以示庆祝。如果墙上挂着的是杨柳青年画，那么窗户上一定是陪衬它的剪纸。不但是杨柳青镇，随着天津河运、海运的发展，只要是天津人居住的地方，都有贴剪纸的风俗。1949年前天津人过年买不起鱼肉，买不起新衣，但剪纸是必须要买的。

杨柳青的剪纸题材很广泛，花鸟虫鱼、吉祥图案、历史故事、神话传说、戏曲人物等无所不包。杨柳青的剪纸深受杨柳青年画的艺术影响,造型优美、刻制细腻、线条流畅、玲珑剔透、秀美可观。天津的剪纸也很有杨柳青剪纸的特点,那就是来源于生活,根植于底层生活,渗透着浓郁的民俗民风。

杨柳青剪纸从培育到发展,经过了很多代剪纸艺人的不懈努力。但是过去的民间艺人大多不被人重视,故很少有史料记载。我们现在所知的也只是在 20 世纪 50 年代初,著名作家阿英对杨柳青剪纸的一点考证:在天津有名的年画产地杨柳青,据说清初就已经开始制作窗花,已经有三百年的历史。三百年历史的杨柳青剪纸,除了有观赏价值外,我觉得还具有很强的实用价值,那就是能美化人们的生活。记得那年春节,我和几个文友相约去了杨柳青古镇,黄昏中走在小巷子里,看着家家户户的剪纸,听着鞭炮噼噼啪啪的响声,你就感觉置身在春节气氛里,尽情享受着中华民族文化的传承。不知道谁唱起来杨柳青民歌《画扇面》:"天津卫城西杨柳青,有一位美女白俊英,专学丹青会画画,这佳人十九春丈夫南学苦用功,眼睁睁来到四月当中……"

杨柳青剪纸记录着天津人的一种民俗文化,它不应该只放在博物馆里,一定要挂在老百姓家的墙上,成为一种时尚,一种文化习惯和传承。就如同西方人爱把油画挂在家里一样,在家里欣赏,邀请朋友分享。

寻找南市老书场的影子

　　天津素有北方曲艺之乡的雅称，上了岁数的天津人大都在南市一带的书场里，听过几段京韵、梅花和乐亭，或者为哪位相声名家鼓掌喝彩。在南市，资历最早的是燕乐升平茶园，从1919年开始到1940年前后，这个曲艺茶园兴盛了近二十年。京韵大鼓的鼓王刘宝全以及白云鹏、张小轩；单弦名家德寿山、曾振庭、荣剑尘；相声艺人万人迷、张麻子、张寿臣；梅花大鼓的鼓王金万昌、花四宝；铁片大鼓创始人王佩臣和蔡桂喜等，都在此演出。燕乐在1949年以后改名为红旗剧场，后来又恢复为燕乐，再度成为天津曲艺复兴的核心场所。相声演员尹笑声、黄铁良等一批名家都曾在这里长期演出。连兴茶社是一家专演相声的茶社，当年每天观众也是满满当当。相声名家张寿臣、周德山、马德禄、马桂元、常宝堃、赵佩茹、马三立、郭荣启、朱相臣等都在这里登台献艺。那时的南市除露天市场之外，几十家书馆、茶楼、戏院都很火爆。走几步就是一个老书场茶馆，京剧、评剧、梆子、评书、相声、快板、大鼓、时调、坠子等轮番上演，想看什么有什么。南来北往的人都爱到南市走走，下个饭馆，泡个热澡，到书场里边看曲艺和戏曲。南市最出名的除了燕乐、连兴以外，还有中华茶园、丹桂戏院、大舞台戏院等。

我去南市老书场还是在 20 世纪 80 年代初期，尽管高楼大厦鳞次栉比，可在霓虹灯闪烁之处，南市的老书场茶馆依旧存在，那百听不厌的曲艺依旧精采。在古香古色的剧场里，装饰虽然不同以前，变得有了浓重的现代气息，但又都依稀保留着一些传统的章法。热衷曲艺的观众们远离一天繁忙的工作，利用闲暇时光，在茶馆里悠闲地嗑着香甜的瓜子，呷着浓浓的龙井，倾听着三弦和琵琶之声，咀嚼着几百年泡过的曲艺老滋味儿，体味着中华民族历史文化的灿烂。台上的演员早已经换了好几代，不再为旧时个人的温饱而操劳，可以为自己所钟爱的事业尽心竭力。著名相声演员于宝林、尹笑声和黄铁良等最早成立民间相声团，在南市的老茶馆露面，带动了天津民间曲艺的崛起。那时，天津曲艺团、实验曲艺团、南开曲艺团等都还很活跃。我在那里就看到了骆玉笙、阎秋霞、小岚云、林红玉、侯月秋、小映霞等一批鼓曲名家的演出，让我终生难忘。一代曲艺造就了一代名家，而一代名家也造就了一代观众。台上各种流派的演员拿出看家的本事，尽显风流，有的高亢，有的委婉，有的活泼，有的低徊。演员们表演了一批批脍炙人口的名段名曲，引来台下的观众敲着拍子，轻声合唱，甚至有的曲艺爱好者也上台票上一段。台上与台下产生出一种强烈的艺术共鸣。就在这共鸣中，观众过瘾了，演员也尽兴了。这种独特的艺术享受，是在其他现代娱乐场所里体验不到的。

现在的南市完全变了，那些老茶馆也没有了，但中华曲苑依旧还在，演奏着一曲曲动人的乡音，传递着一片片浓浓的乡情。

用神话浸泡过的葛沽古镇

葛沽镇是一个文化名镇,记录着历史的风风雨雨,也标识着时代发展和变迁。海河从这里流过,滋润着葛沽的每一寸土地,哺育着一代又一代的葛沽人。细阅葛沽镇历史,漕运地位举足轻重。葛沽镇历来在文人墨客的笔下有着很多美誉,比如"十里鱼盐新泽田,二分烟月小扬州"这样的著名诗句,可以想象出那种江南的秀美风光。同时也留下很多的神话故事,并且被当地文人和老百姓逐步演绎,形成口头的民间传说。葛沽镇商贸流通,市场繁荣。每逢集日,街市上叫买叫卖、摩肩接踵,海河沿岸演绎着葛沽镇清明上河图的繁荣景象。尤其是妈祖也就是天后娘娘在这里成为一种民俗信仰,带给葛沽久远的历史和丰富的文化内涵。于是,这里丰富生动的民间传说,记述着这块神奇土地的发展和变迁,给这个与众不同的葛沽镇增添了几分仙气,几多灵运。

这么多年,我觉得葛沽民俗文化坚持最好最有成效的是葛沽宝辇的出巡。我每年正月十六都去那里观赏葛沽宝辇出会,每一次都在人群里享受着民俗文化的氛围。现在的葛沽花会基本形成了以八架凤辇、两座灯亭为主的格局，要说明的是每座宝辇供奉的对象为妈祖娘娘、海神娘娘、送子娘娘、痘疹娘娘、泰山圣母等，都是以女性为形象的神仙，这一现象在全国都很鲜见。尤其是对妈祖娘娘，葛沽人更是情有独钟。传说当年在葛沽东大桥旁边住着一户养船大户，字号为玉厚堂，此户姓张。1585年，也就是万历十三年，张氏家族由天津至福建往返漕运的船在福建海中遇到水难，当时全船人员共同祈求神灵保佑才避免了灾难。船平安到达福建后，船员一起来到湄洲岛上的一座庙里还愿。在敬香时与庙里的老住持商定将庙中一尊妈祖娘娘恭敬地请回葛沽。由于船上只有单跳板，妈祖娘娘由姑娘抱着上船显得不敬，所以船员想了一个办法，就是背靠背，背着妈祖娘娘，自此将妈祖娘娘的泥塑造像请到葛沽的张氏家中，供奉在玉厚堂二道门东厢房内的佛龛中，葛沽东茶棚自此流传下来背娘娘的传说。有记载说，当年葛沽社火很火爆，其中就有一部《海神》戏，内容从林默娘出世到西王母封她为海神，剧中人物有西王母、霹雳赤发大仙、林默、海龙王、渔夫等。戏剧为高氏家族自编自演，引得众人观看。从中可以看出，葛沽人能够把所有的神仙划入到自己的家乡里，为我所用，上到玉皇大帝，下到海底龙王。神话在人们心里成为一种想象，也是活跃生活、丰富生活的内容。

到了宝辇花会出会那一天，共有八架凤辇、两架灯亭，从葛沽四面八方的茶棚汇聚在一起。这一天葛沽会沉浸在欢乐热闹的过年气氛里边，也是葛沽镇最热闹的一天，来自镇内外的十几万人聚集观看。这几年，来自国外的游客也多起来，成为全国民俗文化的风向标、聚会地。葛沽镇的百姓更是把一睹宝辇芳容视为一大乐事，只有到了这一天看过了宝辇花会表演，才觉得是真正过了春节。我多少次目睹到宝辇出会的过程,整个会规十分缜密,礼仪也考究。宝辇会包括耍乐会和座乐会两个部分。耍乐会由清平竹马会、安乐旱船会、长乐高跷会、行龙龙灯会、渔樵耕读会、青云高跷会、圣乐梆子会、公乐侉戏会、海乐小车会、丰收会、车子会、十不闲等二十几道花会组成。座乐会以八架凤辇和两架灯亭组成。宝辇在出会时,抬辇的姿势、步伐、起落行止,都有严格统一的规矩和指令操作。届时,鼓乐齐鸣,快慢结合,齐心协力,起伏动静。两个灯亭,形如两座宝塔,一曰表亭,一曰灯亭,看上去一个像是船上的瞭望塔,里面备有报时钟、指南针;而另一个则像是海上灯塔。

葛沽因为天后娘娘而兴,因海河流水而旺。民俗生活真实丰富,百姓之间信任和谐。葛沽人,有着强烈的思乡情结,也有着传播美丽神话故事、丰富民俗礼仪的本事。他们传播和继承下来的神话故事虽然有实有虚,但有着人间烟火。葛沽的各种神话传说版本很多,是一个民俗感极强的地方,要想看天津过去的历史生活,就要到这里体验。葛沽的名胜古迹很多,最为著名的当属九桥十八庙。这十八庙是慈云阁、老爷庙、马神庙、药王庙、三官庙、长寿寺、文昌庙、地藏庙、娘娘庙、太虚宫、海神庙、火神庙、财神庙、玉皇庙、东白衣庙、西白衣庙、东土地庙、西土地庙。围绕着十八庙就有了很多神话传说,比如说鱼骨庙,可以说,是中国庙宇历史上绝无仅有,独一无二的。因为它是用巨大的鲸鱼骨作为层脊,作为海神塑像底座。虽然只有一间殿堂,一位海神,但是名声响亮。传说庙旁有一眼泉水拱出了贝壳堤,使得干旱不竭,洪涝不溢,清澈见底,只因咸涩难咽,故不能饮用。人伏在泉眼上,可以听到潮起潮落,波涛澎湃之声。于是演绎出这就是通海的海眼的故事,是早年间北海龙王三太子幻化人形,来往人世间布施恩泽的必经之路。道光年间因鱼骨梁断裂而塌毁，鱼骨庙就没有再修复。类似这样的神话故事很多，情趣盎然，比如《南蛮子憨宝》《妖精地》《师傅坟》《玉皇庙的井》《娘娘庙的旗杆》等。在这些神话故事里边，有人和仙的对话，也有仙和鬼的对峙，有玉皇大帝，也有太白金星。但每一个神话故事讲的都是葛沽的历史剪影，生产习俗，百姓生活，都是葛沽的来龙去脉，大大小小，五花八门，涉及的面广，不论是人或仙或鬼，性格都鲜明生动。神话的迷人构想，就是把一个葛沽历史浓缩出来，经典出来，描绘出来，然后构筑成一道独特的民俗民风的风景线。

我几次去葛沽镇，总爱在街上走走，在运河边转转，会感觉到文化遗存夺目，风俗十分活跃。一条海河流淌，就有船行货运，就有商贾云集，就有各地文化的流动，就有船码头的诞生，就有吃的喝的穿的玩的随即兴起。自然就会有更多的神话故事发生。历史丰富，当地百姓的想象力就会站立，就有了融会贯通的生活接纳，有了海纳百川的胸怀。这都是相辅相成的，每一个链条都不会断裂。葛沽的神话传说是个外壳，讲述着葛沽很多老百姓还保留着过去的文化习俗，文化信仰。不是他们舍不得丢掉这些神话故事，是这种民俗文化习俗融入了他们的现代生活。现在很少有像葛沽这样的历史小镇能有这么多的神话故事，讲述着葛沽镇老百姓世世代代的动人故事，弘扬着一种中华优秀文化传统的精神，展现出一页页经济和文化百科全书。你走遍了葛沽，领会到了他们的民俗文化习俗，会觉得每一个神话故事的细节都是可信可留的。你会惊奇地发现葛沽镇有这么悠久的历史文化和脍炙人口的美丽传说、动人故事，会觉得如此之美好。

运河文脉小镇陈官屯

　　天津静海县的陈官屯是一个文化名镇，两千多年来记录着历史的风风雨雨，也见证着时代的发展和变迁。南运河从这里流过，滋润着两岸的每一寸土地，哺育着一代又一代的陈官屯人。陈官屯有 24 个村，其中有 23 个村在南运河畔。由于陈官屯地处要塞，自隋唐以来，漕运地位就举足轻重。陈官屯有一条与漕运并行的九省御路的官道，这样就极大促进了陈官屯的商贸流通和市场繁荣。每逢集日，街市上叫买叫卖、摩肩接踵，运河沿岸演绎着陈官屯清明上河图的繁荣景象。西钓台的西汉古城遗址、曹村大佛寺、纪庄子战国古墓以及张官屯官窑等二十多处古文物遗址，无不见证着南运河给陈官屯带来的久远的历史和丰富的文化内涵。运河像一位历史老者，讲述着这块神奇土地的发展和变迁。也正因为运河，陈官屯增添了几多秀美，几多灵韵。

　　我去过陈官屯很多次，虽然都是脚步匆匆，但印象极为深刻。我曾经去过南运河两岸的村村户户，那里幽静的村路、传统的农舍、干净的环境、清新的空气,让人流连忘返。如果说南运河给了中国历史一种改变,那么也给了陈官屯灿烂的文明和经济的发展。陈官屯没有名山大川,也没有丰厚的地产资源。然而,陈官屯却因河而兴,因水而旺,充分利用大运河的文化,保留着运河文脉的流淌,民俗生活的真实,百姓之间的信任。陈官屯修建了一座很有规模的运河文化博物馆,作为乡镇一级修建博物馆还很少见。负责修建博物馆的于栋对我说,运河有历史,陈官屯有故事,我们要通过博物馆让今天的陈官屯人强化对家乡的记忆。陈官屯面向全镇的百姓搜集历史,这对于商业社会来说是很艰难的,因为谁家有宝贝舍得无偿地拿出来?可陈官屯的老百姓做到了,在搜集陈官屯历史文物的过程中,很多人不但提供了大量线索,还把自己收藏的许多东西捐献出来。博物馆展出的移兴寺佛前条几与和尚纳心坐化的荷花缸,都是村民自己的珍藏。我在博物馆见过保存十分完好的水具,木质精细,做工精巧。在惊叹之余,有人告诉我,这就是村民扛过来的,上百年的水具,拿来就能演示操作起来。筹建博物馆的人每天早出晚归,几乎走遍了每户人家。为了寻找一节铁匠铺需要的木桩,还一个村一个村地反复搜寻,最后在王官屯村的一个角落里发现了,发现的人顿时热泪盈眶。

陈官屯是一个民俗感极强的地方,要想看天津过去的历史生活,就要到这里体验。我曾经有幸阅读过镇里自己编纂的《陈官屯史话》,洋洋洒洒,讲述着陈官屯老百姓久远的动人故事,弘扬着一种中华优秀的文化传统精神,描述出陈官屯的"清明上河图",展现出一页页经济文化的百科全书。我觉得最可贵的是真实两个字,可触及到心。阅读完《陈官屯史话》会觉得每一段历史和每一个故事都是真实的,提供的每一个生活细节和传说都是可信可留的。他们把陈官屯最精彩的历史部分挑选出来，让读者惊奇地发现陈官屯有这么悠久的历史文化和脍炙人口的美丽传说、动人故事，会觉得如此之美好。在这本书里，有陈官屯名人名家的剪影，也有传承接力的生活习俗。有西钓鱼台的来龙去脉，也有吕官屯的庙宇文化和王官屯的大砖窑。有冬菜的由来，也有贝壳坟的传说。有陈官屯的方言考证，也有儿时的各种游艺趣闻。

百年前的陈官屯，不少村因为毗邻运河，就有专做茶水生意的茶楼，其中一个吕官屯就有三座茶楼。这些茶楼虽然都是平房，但偏偏以楼为名，能看出是见过大世面的。茶楼的招牌都很经典，显得典雅和气派。茶楼多了，村民就有了品茗的习惯。几个好友闲来无事品茗聊天，就逐步形成了一种文化心态。运河的生意也使得陈官屯村村有客栈，于是就衍生出来酒馆、理发店、澡堂子、油坊等。一些老人回忆，那时一枚铜钱能买一只足足一斤重的海蟹或者两只一斤重的对虾。小孩子吃不了，剩下的足够大人做一顿下酒菜。演大戏的、说评书的更多了，整台本的经典大戏，《狸猫换太子》《蝴蝶杯》《秦香莲》等。值得一提的是天津冬菜，这还得追溯到明朝永乐年间。纪庄子一个姓常的船户偶尔将白菜放到鱼篓里用盐腌渍，没想到腌好后脆甜爽口，味道鲜美。如今陈官屯的天津冬菜得以传承和发展，几百年畅销，也成为天津的一项"非遗"项目。

现在，陈官屯很多老百姓还保留着过去的文化习俗。那天中午阳光灿烂，我们在一条绿荫如伞的乡间小道上走。在河沟里看到过去的古砖碎片，拾起来就觉得那么厚重。再找找，还有不少在河沟里安静地躺着。其实很多当地老百姓都知道这里有古砖遗存，但很少有人过来动它们。他们觉得干什么要惊动它们，就这么安静地保留下来，传承下去。

汉沽飞镲的传承及发展

汉沽飞镲是目前天津滨海新区唯一的国家级"非遗"项目，它的影响应该说很深远，唯一性也是它的特点之一。应该说全国各种鼓的非遗项目不少，可是以飞镲为主的还不多见。汉沽飞镲在上海世博会的精彩亮相，在香港的绝色表演，在台湾得到的掌声和喝彩，说明它产生的能量之大和活跃程度之高。

应该说，汉沽飞镲的诞生就是一种标示，它属于大海，属于地点独特的黑沙滩，属于渔民和产业工人的混合体，属于一种张扬着收获、喜悦的表演形式，而且还蕴含着对大海的祭拜，对海神娘娘的崇敬，对未来生活的憧憬。汉沽飞镲的完整形式包括了祭拜和仪式。应该大多是渔船收获而归，在码头上举行的一种庆祝仪式，然后逐步扩展到了各种场合，各种节庆活动。飞镲的表演糅合了其他艺术手段，综合了音乐、花会、武术等多种艺术形式，独具特色。特别是借鉴武术的环节比较多，各种飞镲的敲击和走跑，都有很深的武术影子，跟汉沽高庄以及蔡家堡一带流行的形意拳有很大的关系。汉沽飞镲是流动的，像是大海波涛一般，边跑边表演。起起伏伏，有缓有急，表演情绪一浪高过一浪。后面一面大鼓相助，若干大钹、大铙、镲、铛合奏。演奏与表演相互呼应，鼓乐齐奏，雄浑嘹亮，节奏变化也很丰富，起承转合，抑扬顿挫，委婉时清醇悦耳，高潮时激奋昂扬。演奏时，表演者还加上耍钹和飞铙等舞蹈动作，行云流水，很是好看，场面十分壮观。汉沽飞镲是在特定社会文化土壤中成长的，是汉沽人创造了汉沽飞镲，汉沽飞镲也塑造着长期在海边生活、靠海吃海的汉沽人。在汉沽飞镲那雍容威严的形式和铿锵炽烈的节奏里，汉沽人读到的是自己粗犷豪迈、爽朗乐天的性格。我每次看到汉沽飞镲的表演，都觉得热血沸腾。在今年京津冀"非遗"展示表演上，汉沽飞镲在广场上亮相，几千观众领略了其独特的表演风格，粗犷的特性，鲜明的节奏都引起了周边不断地喝彩声。

汉沽飞镲的传承有其特色，比如飞镲进校园，注重对下一代的培养，举办多届的汉沽飞镲艺术节，搭建平台，几十只队伍轮番表演，展示着汉沽历史的文脉。但也应清醒的看到传承中的艰难性，技巧的传承不是简单的复制。如果技巧难度不能传承下来，那么其精髓就会减弱。现在能够完成复杂技巧的传承人还不多，需要迅速继承下来。还有就是教材的完整性、科学性和规范性。不能光是口传心授，还有教材和录像做为传承的基础。再有就是祭拜环节的边缘化和不被重视，使得汉沽飞镲的完整性受到制约。

只能说现在汉沽飞镲的传承刚起步，今后的发展还需时日。

天津的年味在哪？

　　天津是个民俗感强的城市，进入了腊月，距离过年还一个月呢，文化街上就开始热闹了。我在过小年的那天去逛，就已经人挨着人了。那里最热销的年货有这么几种，一个是吊钱，各式各样的吊钱琳琅满目，一片红色，用海洋形容一点也不过分。最大的有三层楼这么高，后来我在劝业场看到了更大更高的，足有七层楼那么高。在吊钱中，福字最多，笔画不一的福字蕴含着天津人对幸福生活的追求和渴望。除了吊钱，还有剪纸，然后是象征着鼠年的玩具，我买了一个鼠造型的玩具，前边挂着一个钱包，活泼可爱的样子。卖主告诉我，老鼠跟前挂钱包，就等着数钱吧。再有就是灯笼，这几年买灯笼挂在家里越来越流行，最大的灯笼一个人抱不过来。天津人买年货就是为了装饰，红红火火，图个大吉大利。

　　全国各地过除夕都吃饺子，天津人也不例外。全家人和面，擀皮，拌馅儿，包饺子，所有的程序都是一家人一起进行。我有次去南方一个城市，人家已经放弃了这个程序，直接买来了饺子一煮就完了。天津有位民俗专家说,饺子就在于包,全家人在那包,分工要清楚,这才是过年的气氛,买饺子吃,去掉了包的环节,那就抽掉了和谐热闹的本质。我家个别,由于父母都去世了,哥几个是一起包,然后各家带回去自己煮着吃。当然天津人也是增加了看春晚的内容,我们家是一边看着一边评论着,我还担负给天津媒体写评论的任务。大年初一,天津人拜年的习惯还没削弱,现在邻居间的来往少了,拜年也就少了。大年初二,天津人叫姑爷节,全城的女婿都去看望岳父岳母大人。以前是拎着点心,现在都是现代的食品了,越拎越高级,这表示女婿混得怎么样,也是显示女婿过日子好坏的程度。天津人注重破五,在初五这天好像必须剁肉,晚上就听见咣咣的声音,看谁剁得最响。破五是在剁小人,谁心里想着谁就不得而知了。或者根本没想,就是剁象征的小人,不希望小人破坏来之不易的和谐生活。

正月十五的灯节很热闹,天津有好几个庙会。天津人喜欢玩的就是曲艺。现在的曲艺园子有几十座,天津人过年出家门听相声也是一个嗜好。现在除夕到十五的相声晚会已经定满了。听着叮当作响的鼓曲,品着中华民族优秀传统文化的滋味,那叫一个美。在外地不管是听什么,都是以鼓掌和喝彩表示对演员的尊重。在天津的曲艺园子里观众是跟随着台上的演员哼唱,手里给演员打着拍子。想想,这么多人能把一大段传统曲目完整地哼唱下来,足以说明天津人玩的兴致有多高。

天津的大娘娘

从小到现在，不知道去了天后宫多少次，每次去都有很多的心得。以前去是看新鲜，后来再去就看文化。妈祖到了天津怎么就赋予了这么多内容，首先是称呼，天后，天妃，天后娘娘，到了塘沽一带又叫大娘娘。我曾经听过塘沽人喊大娘娘的神态，那就是一种从内心散发出的情感。妈祖到了天津，天津人就给妈祖更多的幸福延伸，比如拴娃娃的寄托。我在杨柳青画馆看到了一幅精致的年画《天仙送子》，上面描绘着妈祖慈祥地乘风而来，左右都是眉清目秀的童子。从妈祖的眼神看是一种急切的样子，要把老百姓的寄托送过来，而且要送到老百姓的手中。送子，这是一种对生命延续的满足，更重要的是期盼生活美满的结局，老百姓想的就是这个，虽然简单但很实际。为此，天津流传了很多动人的故事，谁谁拴娃娃得子，而且多年未得而得了。于是，左邻右舍的人都为此高兴，说是天仙送的。于是，妈祖在天津又有了一个新的称呼——天仙。

天津有众多的妈祖庙，在塘沽和汉沽就有海神庙、潮音寺等。

出海的渔民对妈祖情有独钟,出海之前捕捞之后,都是载歌载舞。潮音寺从明永乐年间建寺后,形成民间社火活动,当时船民每逢农历二月十九日都会集潮音寺拜观音菩萨,塘沽的大沽龙灯就要出会表演,逐渐形成庙会活动。大沽龙灯含着天津沿海百姓在妈祖感召下,向往太平、祈盼吉祥、保佑平安的美好愿望。在传承了一百多年后,大沽龙灯没有消亡,而是越来越有气氛。鼓声响起,龙缓缓启动,随着鼓点轻重快慢缓急的和谐调整,龙如同在云雾中穿梭,灯在水中畅游。其中,我最喜欢的是已经成为国家级"非遗"项目的汉沽飞镲,气势如虹,边打边跑,渔民手里的铜镲真的跟飞起来一样,铿锵有力,彩绸满天,震天的飞镲声响就是渔民们对美好生活的憧憬。汉沽飞镲每逢娘娘庙会都是最能吸引大家的表演,特别是每年阴历四月中旬,为保一年的出海平安、鱼虾丰收,人们都要结队去酬请护海娘娘护驾。为了渲染气氛,一路上便带着锣、鼓、镲随行敲打。在上海世博会上,天津的汉沽飞镲队伍打出了气势,那种纯朴而火爆的打法让围观者掌声一片。我在其中喝彩,觉得那么酣畅淋漓。

说到天津的"非遗"项目,由于工作的缘由,我接触了不少。其中法鼓是最有天津民俗文化特征的项目,目前河西区挂甲寺庆音法鼓、杨家庄永音法鼓和北辰区刘园祥音法鼓都是国家级的"非遗"项目。法鼓表演道具主要有鼓、铙、钹、镲、铛等。表演时鼓乐齐鸣,颇有一种山雨欲来风满楼的壮观之势。说起天津的法鼓,就要说到天津的皇会,那就是妈祖出行时的一种民间花会集中展示,每次出会都会有上百道皇会,是一种典型的民俗活动,也是天津年文化中的重头戏。皇会一般都是在天后娘娘诞辰吉日,也就是农历三月二十三日举行。现在每逢大年十五左右,在古文化街以及津南区的葛沽,皇会越来越受到老百姓的青睐。法鼓是当年皇会中不可或缺的随驾音乐,是天津皇会的耳朵,在整个皇会队伍中位置靠前,最为威武和显赫。大家穿戴整齐,鼓乐齐奏,雄浑嘹亮,节奏变化也很丰富,起承转合,抑扬顿挫,委婉时清醇悦耳,高潮时激奋昂扬。演奏时,表演者还加上耍钹和飞铙等舞蹈动作,很是好看,场面十分壮观。天津法鼓是在特定的妈祖文化土壤中孕育成长的,它综合了音乐、舞蹈、武术、美术等多种艺术形式,独具特色。天津人创造了天津法鼓,天津法鼓也铸就了天津人对妈祖的热爱。

天津的老玩意儿

天津的老玩意儿多了，比如说京剧，虽然说京剧姓京，但天津是京剧的大码头。在天津解放的初期，我父亲曾经率人接收过中国大戏院。他跟我说过当时连续演出多少场的盛况，所有京剧名家都到场了，天天爆满。我也看见过有的名家在天津栽了跟斗，回去后多少年不好意思再来。还见过京剧名家在起步阶段在天津一炮打响，而走红全国。还有天津的曲艺，形容天津是曲艺之乡一点儿也不为过。圈内人评出的四位相声大师，张寿臣、马三立、侯宝林、刘宝瑞都在天津孕育出自己的风格。至今天津的相声茶座依旧在全国领先，茶馆相声风靡津门街头，天津的老玩意儿有了新的诠释。京韵大鼓也姓京，可开花结果都在天津，可以说骆玉笙在天津把京韵大鼓发挥到极致了。京韵大鼓的三大流派刘派、白派、骆派在天津都有继承人，都有代表作，都有丰富的群众基础。而且在天津十几个茶社里都有大量的非职业演员在演唱，曲目丰富多彩。再有就是天津时调，这次领衔人物王毓宝被国家誉为非物质文化遗产的传承人。不久前，我与北京研究非物质文化遗产的专家聊天，说起北京琴书。因为关学增老爷子去世，他的后继人成了问题，有会唱的，但没有代表人物。而天津时调，在王毓宝的精心培育下，有高辉还有更小点的刘迎这样响当当的演员。还有西河大鼓，我母亲因为听艳桂荣的《杨门女将》而把饼烙糊，晚上我们全家吃的黑饼。我就在那时跟随母亲喜欢西河大鼓，后来我见到艳桂荣，讲起我母亲因为听她的《杨门女将》而烙糊了饼，她哈哈大笑。天津演唱西河大鼓的名家太多了，还有郝艳霞等，如今中青年的演员也风华正茂，如郝艳霞的女儿郝秀洁等。天津的老玩意儿总是能在不知不觉中传承下来，说明天津这块文化沃土的繁荣。

其实天津的老玩意儿还有很多，比如法鼓，河西区挂甲寺的庆音法鼓、杨家庄的永音法鼓、北辰区的刘园祥音法鼓等，那都是绝活。知道法鼓的人在天津不多，法鼓大多是在做法事上表演，也有糅合了其他艺术手段搬上舞台供观众欣赏的。天津法鼓的表演形式分为两种：一种是固定在某个场地，一种是边走边奏。说起法鼓，其实就是一面大鼓以及若干大钹、大铙、镲和铛所组成。我在河北区看见过一场演出，鼓乐齐奏，雄浑嘹亮，节奏变化也很丰富，起承转合，抑扬顿挫。演奏时，表演者还加上耍钹和飞铙等舞蹈动作，很是好看。研究法鼓的天津音乐学院副院长靳学东评价，天津法鼓是在特定社会文化土壤中成长的，它综合了音乐、舞蹈、武术、美术等多种艺术形式，独具特色。天津人创造了天津法鼓，天津法鼓也塑造着天津人。在天津法鼓那雍容威严的形式和铿锵炽烈的节奏里，天津人读到的是自己粗犷豪迈、爽朗乐天的性格。说起来，天津汉沽区的飞镲也有这方面的特点，我在广场上领略过其独特的风格，粗犷的特性、鲜明的节奏都引起了周边不断的喝彩声。天津的河北梆子,天津的评剧,都是天津老玩意儿中的大项目,都是我们天津传统文化的经典,有着悠久的历史和清晰的传承脉络。

让"非遗"立在津门舞台上

有人问我,相声作为全国的非物质文化遗产项目,天津有什么优势? 众所周知,天津是北方曲艺之乡,也是相声的大码头。相声报送全国非物质文化遗产项目得以顺畅的批准是必然的。在相声界公认的四位大师张寿臣、马三立、刘宝瑞和侯宝林都是在天津发展起来的。张寿臣和马三立一直活跃在津门,而他们的弟子已经成为当今舞台的主角。除此之外,常连安、郭荣启、赵佩茹等同等资历的相声大师也在天津创下了灿烂的辉煌。这个阵容是全国其他城市无法比拟的。如今,相声的高峰期再度到来,常宝霆、马志明、苏文茂以及李伯祥、魏文亮等已经扛下相声这杆大旗。后辈也迅速赶上,抢占了这个老百姓都喜欢的舞台,不断地发扬光大。天津的全国非物质文化遗产项目还不算多,已经批准下来的几十项,方方面面都有,涉及面比较广泛。比如京剧、评剧、京东大鼓、天津时调、快板书、擂琴拉戏等。静态的有杨柳青年画、泥人张等大家熟知的,我认为相声还是能拔得头筹。现在天津能演出相声的大小茶馆和剧场多达几十家,上座率可观,也吸引了北京以及来天津旅游的大量游客。这种相声热持续,有发展壮大趋势,在全国不多见。说明天津这座历史文化名城的文化底蕴丰厚,也说明相声作为一个码头文化的前驱者的后劲十足。相声的流派纷呈,名家荟萃,这也是能传承下来的主要原因之一。

记得我三次去苏州,都是跑到茶馆去听评弹,实在是太喜欢了。茶馆都是在白云观附近,进去后很是冷清,让我这酷爱评弹的人感到不是滋味。我点了几首曲子,唱完以后只得再点。当我和朋友走后,回头看见两个演员孤零零坐在舞台上,下面已经没有人了。而走进天津的茶馆或者剧场看到这么多观众,喝彩声接踵而来,真比喝了蜂蜜都甜。另外,天津的相声已经形成了风格,著名相声评论家薛宝琨称其为卫派。我觉得天津相声继承了传统,这个继承包括多方面,比如作品结构和表演手段,包括演出场地的氛围,不能说是原汁原味,但能看出精髓的部分。

2010年,在全国"非遗"宣传日期间,我策划了市"非遗"保护中心组织的四场戏剧曲艺系列演出,没有经费。一位喜欢曲艺的朋友提出帮助,我对他们坦率地说,没有回报,就是投入。四场下来不敢说场场爆满,但也是人潮涌动。当初我参与策划这四场演出的目的很清楚,就是想把天津的"非遗"立在舞台上,让更多的人喜欢它。我作为市非物质文化遗产保护中心的主任,联络了几家有关单位,说明举办这次天津非物质文化遗产戏剧曲艺演出的想法,回答都是支持,而且怎么支持都不过分。久违曲艺舞台的京韵大鼓刘派代表小映霞上台时,尽管已经快深夜了,但观众没有走的。年过八旬的小映霞满头白发,唱的是拿手好戏《闹江州》。还没唱完已经淹没在观众的喝彩之中,我的眼泪瞬间流下来。其实,我就是想让天津的老百姓品尝到全国非物质文化遗产项目的艺术真品，不能叫老祖宗留下的宝贵财富在天津断了根脉，应该让后代也能享受到中华文化的大餐。其实，这一阵子举办的戏剧曲艺晚会不少。而我们作为天津"非遗"单位举办就显得不同，没有多少商业色彩在里边，就是纯粹的欣赏。

我经常爱在天津茶馆里走动，看曲艺，听相声，品戏曲。天津的茶馆都驻扎在热闹的商业区，比如估衣街的谦祥益、劝业场的天华景、古文化街的名流等。即便劝业场晚上关门歇业了，也有直通七楼的电梯。这就是曲艺和戏曲的艺术魅力，而且多年不衰。我曾经陪着冯巩去茶馆听相声，一边听一边咂着嘴说，都是好玩意。可就在二十年前的天津，茶馆里还一片萧条。天津这块肥沃的文化土地就这么养人，观众就这么喜人，可形势就这么逼人。没有好玩意，没有新人在成长，多少土壤都会贫瘠。天津茶馆是一个容纳百川的大舞台，是一个能把传统艺术继续传承的风水宝地。我不能早早地把天津这些"非遗"宝贝送进博物馆。2010年我参与举办的这四台"非遗"戏剧曲艺系列晚会，演员年龄最大的八旬，最小的正当年，不同辈份的演员同操守，共献技，传统的"非遗"联络了一个大家庭。久违的小映霞上台与观众见面时讲了一句话：我很想念观众。董湘昆是坐着轮椅上台演唱，王毓宝因为身体原因不能登台，也是焦急万分。几年前在一次传统相声晚会上，常宝霆当时是全国非物质文化遗产——相声在天津的唯一传承人，上台后我看见他激动的脸，嗓音都在颤抖，于是我的心也热起来。

天津的体育类"非遗"项目

天津的体育类"非遗"项目确实不少，能占到全市总体"非遗"项目的六分之一，足说明其重要性。

天津是北方体育类"非遗"项目的一座重镇，也是繁衍和传承其传统的体育类非遗项目的前沿和孵化基地。体育类"非遗"项目蕴含着中华民族特有的精神价值、思维方式、想象力和文化意识，也体现着民族的生命力和创造力。保护和利用好体育类非物质文化遗产，对于继承和发扬民族优秀文化传统、增进民族团结和维护国家统一、增强民族自信心和凝聚力、促进社会主义精神文明建设都具有重要而深远的意义。从外地传入的体育类"非遗"项目都会在天津生根开花结果，然后逐步推动普及，有着发展壮大趋势，这在全国都不多见。说明天津这座历史文化名城的文化底蕴丰厚，也说明作为一个码头文化的前驱后劲十足。天津体育类"非遗"项目的流派纷呈，名家荟萃，这也是能传承下来主要原因之一。

说起来，天津的体育类"非遗"项目很多是表演性的，比如武清的永良飞叉,上场气势如虹,边打边跑,手里的飞叉真的跟飞起来一样,把杂技和武术相融合。大家满脸都是喜庆,满天的飞叉就是老百姓对美好生活的憧憬。大六分蹬杆圣会模仿猴子爬树,上下跳跃,观赏性和娱乐性极强。红桥区回族重刀更是一种力量的展示,显示的不仅是肌肉,更是一种文化自信。沉重的刀在身上灵活地运用,既惊险雄劲,又轻盈优美,给人一种美的享受,充分展示了我国古老的民族文化气息,又体现了现代体育之风采。静海的霍式练手拳,把开创者霍元甲的尚武精神和民族气节展现出来,对于振兴民族精神,激发青少年的爱国主义热情具有重要作用。在天津的体育类"非遗"项目中,各种风格的拳法应有尽有,太极拳、通背拳、迷踪拳、少林功夫拳等,互相借鉴,彼此融会贯通,但在身法、步法方面各有特色,并有一套独具匠心的训练方法。单练套路和对练套路具有观赏性,格斗技法在对抗中也具有很强的实用性。除了拳法,各路的掌法也是流派纷呈,比如八卦掌、子午蛇形掌等节奏变化也很丰富,起承转合,抑扬顿挫,刚而不僵,柔而不软。吸纳了前人武技之精华,蕴含着深邃的传统文化。不论是拳和掌,还是太极、八卦、形意,天津的体育类"非遗"项目跟这座城市的文化脉络相连,都是博采众长、勇于探索、敢于创新、自强不息,洋溢着一种厚德载物的武德精神和中华民族的武术之魂。

天津的体育类"非遗"项目还有一个特点就是不封闭,接触社会,面向基层,让老百姓能欣赏到其中的魅力。另外,通过不断的展示吸引更多的关注,找到继续传承的人才,充实和巩固队伍。天津人继承了体育类"非遗"的项目,也在发展中创造着这些遗产,传承有章法,发展有活力,体现出天津人对体育类"非遗"项目的热爱,但传承也遇到了瓶颈。一些项目年轻人不愿意学,吃不了苦,使得体育类"非遗"看起来热闹,学起来艰难。传承人也出现高龄现象,上辈传下来的精髓难以继承,甚至走样。功夫不是一天两天练出来的,需要几年甚至几十年的磨练。听到一个传承人说,这些项目不是花拳绣腿,那是真功夫,一招一式都是讲究。再有就是口传心授,文字记载很少,图形更难看见。可能传着传着就会丢失,长期下来有的项目就会濒临失传。传承是当前的重中之重,发展必须在传承下才能进行。

"非遗", 道不尽的天津文化

目前,天津的国家级"非遗"项目32项,市级项目156项,区县级项目七百多项, 这些传统的文化技艺和民间文学为坚守天津的传统文化助力。在天津的传统文化中,对妈祖和观音是最崇敬的,也成为一种文化传承,代代相传,是天津"非遗"项目中的华彩篇章。天津有众多的妈祖庙,在塘沽和汉沽还有海神庙,潮音寺等。出海的渔民对妈祖和观音情有独钟,出海之前捕捞之后,都会载歌载舞。潮音寺从明永乐年间建寺后,形成民间社火活动,当时的船民,每逢农历二月十九日都会集在潮音寺拜观音菩萨,形成庙会活动。塘沽的大沽龙灯在出会表演中, 蕴含着天津沿海百姓对妈祖的感召。在传承了一百多年后,大沽龙灯没有消亡,而是越来越有气氛。鼓声响起, 龙灯队伍缓缓启动, 随着鼓点轻重快慢缓急的和谐调整,如同在云雾中穿梭,在水中畅游。汉沽的飞镲则是气势如虹,激情四射,渔民手里的铜镲跟飞起来一样,铿锵有力,彩绸满天,震天的飞镲声响就是对渔民们对美好生活的憧憬。汉沽飞镲每逢娘娘庙会时都是最能吸引大家的表演，特别是每年阴历四月中旬，为保一年的出海平安、鱼虾丰收，人们都要结队去酬请护海娘娘的銮驾。

妈祖到了天津后，天津人就给妈祖来了更多的幸福延伸。首先是称呼，从天后，天妃，天后娘娘，到了塘沽一带又叫大娘娘，虽然称呼不同，但情感却在递增。在天后宫兴起的拴娃娃，就是一种典型的生活崇敬。我在杨柳青画馆看到了一幅精致的年画《天仙送子》，上面描绘着妈祖慈祥地乘风而来，左右都是眉清目秀的童子。从妈祖的眼神看是一种急切的样子，就是要把老百姓的寄托送过来，而且要送到老百姓的手中。送子，这是一种对生命延续的满足，更重要的是期盼生活美满的结局，老百姓想的就是这个，于是慢慢形成了一种信俗，很虔诚。为此，天津人为这种祈福增添了很多民间的表演，出皇会就是用一种集体表达，倾诉向往太平、祈盼吉祥、保佑平安的美好愿望。河西区挂甲寺庆音法鼓、杨家庄永音法鼓、西青区香塔音乐法鼓和北辰区刘园祥音法鼓，都是国家级的"非遗"项目，法鼓是当年皇会中不可或缺的随驾音乐，是天津皇会的耳朵，在整个皇会队伍中位置靠前，最为威武和显赫。天津法鼓是在特定传统文化土壤中成长的，它综合了音乐、舞蹈、武术、美术等多种艺术形式，独具特色。天津人创造了天津法鼓，天津法鼓也塑造着天津人。在天津法鼓那雍容威严的形式和铿锵炽烈的节奏里，表现了一种海河历史文脉，领悟到的是粗犷豪迈、爽朗乐天的性格。现在每逢正月十五左右，在天后宫门前的广场和津南区的葛沽，出会越来越受到老百姓的青睐，成为一种独特的民俗文化风景奇观。

天津是北方曲艺之乡，也是戏曲的大码头，相声报送全国非物质文化遗产项目得以顺畅地批准是必然的。在相声界公认的四位相声大师张寿臣、马三立、刘宝瑞和侯宝林都是在天津发展起来的。张寿臣和马三立一直活跃在津门，而其几代弟子已经成为当今舞台的主角。除此之外，常连安、郭荣启、赵佩茹等同等资历的相声大师也在天津创下了一个高峰期，这个阵容是全国其他城市无法比拟的。如今，相声的高峰期再度到来，众多的相声小剧场和戏曲园子成为坚守这份天津传统文化的阵地。在天津的全国非物质文化遗产项目里，戏曲和曲艺占据着相当一部分，涉及广泛。比如京剧、评剧、河北梆子、相声、京韵大鼓、梅花大鼓、天津时调、京东大鼓、西河大鼓、快板书、单弦、雷琴拉戏、民间古典戏法等。这些项目都在舞台上表演，上座率可观，也吸引了北京以及来天津做客的大量观众。这种传统文化热的持续，有发展壮大趋势，在全国不多见。说明天津这座历史文化名城的文化底蕴丰厚，也说明天津这个码头文化的前驱后劲十足。当然，各种流派纷呈，名家荟萃，这也是能传承下来的主要原因之一。近年来，天津分别举办了纪念骆玉笙、马三立和赵佩茹诞辰一百周年的演出，以及纪念河北梆子大师银达子和韩俊卿诞辰活动的演出。每次演出，还没唱完就已经淹没在观众的喝彩之声，天津的老百姓渴望能看到全国非物质文化遗产项目的艺术真品，叫老祖宗留下的宝贵财富不能在天津断了根脉。

最能代表天津传统文化的就是过节，一道到年节，天津的传统老玩意儿就都出来了。最典型的是在古文化街上，春联多了，年画多了，剪纸也就多了。有不少人什么也不买，就爱在人堆里扎着走，其实也是体验年文化的气氛。过节了，老百姓喝着花茶，听着大戏，品着大鼓，笑着相声，贴着年画，摆着泥人，亮着灯笼，放着风筝，吃着天津特色小吃，十八街麻花、狗不理包子、耳朵眼炸糕，盛上一碗锅巴菜，穿上刚纳好的老美华布鞋，那就是一种独特的年文化享受。说来，这都是天津的"非遗"项目，也是传统文化的精粹部分。最出风头的当属杨柳青年画，年年画，年年火。忙碌一年，把年画贴在墙上，美在心头。杨柳青年画就是吉祥如意，这个吉祥能让中华民族文化继续传承。老百姓喜欢的就能长久下来，谁也抹不去。在宁河，东丰台年画也是热闹，虽然看着跟杨柳青年画差异不大，但也有一种韵味，着色很重，对比强烈。老百姓过年最爱买的是钟馗，买完回家一贴，大鬼小鬼的就甭想进来了。闲暇时，各种丰富多彩的民间口头文学开始传播，比如宁河的杨七郎、河西的哪吒闹海、静海的姜太公钓鱼、宝坻的秦城故事、东丽的排地歌谣、汉沽的盐母庙传说等应运而生，滋养一代又一代的天津人。

天津人对过节的理解是有深层次文化内容的，就是一种快乐与和谐的释放。天津人大多好热闹，喜欢新鲜玩意儿。不保守也不排他，不附庸风雅也不鞭笞别人。所以在过年的时候都愿意出来参与，只要有一个能转开身的地儿，就有耍剑的打拳的踢毽的。天津的武术有很多名堂，"非遗"项目众多。比如河东拦手门、红桥重刀武术、武清飞叉、西青霍氏练手拳、独流通背拳、北仓少林拳等。在天津有文属李叔同，武为霍元甲之说，所以武术在天津的"非遗"很普及，比如八卦、形意、太极等，流派纵横，武技非凡。在传统医药上更是精彩纷呈，达仁堂、京万红、隆顺榕、益德成等的中药深得好评，使天津成为北方最大的中医药集成地。

说不完的"非遗"项目，讲不完的天津传统文化。

曲苑新谭

相声不是那么简单

对于相声我就是爱好，真不是行里人。可就是这个爱好能让我说话比较自由，因为人家不把你看作是行里人，你说对说错都没关系。前不久，看了几场中央电视台举办的相声大赛，想法很多。平心而论，好的不多，贫的不少，有意思的不多，浅白的不少。这说明相声表面在繁荣，实际上在退化。关键就是传统和继承出现了问题，听到或者看到不少人都以为不学传统照样逗大家乐。

千万不能把相声看得太简单了，太容易了。我听到有的相声演员私下聊天，就觉得传统不传统的不重要，你会说多少传统段子也没必要这么积累，关键是你上台能不能把观众逗乐了，这是最关键的，成败在此。很有可能是传统基础不牢固的，或者说刚说了几年相声的演员上台真把观众逗乐了，于是就成了说道。也有人说什么台上十分钟，台下十年功，未必是这样的。说某某大师的孙子也就十几岁，台上的功夫了得，那就是天赋。我听完这话真觉得可怕，应该有人出面说这件事，只怕再不说就更加衰落。说相声是需要基本功的,我承认有天赋,但天赋不等于就不要基本功了,这完全是两码事。我看到这次比赛的有些演员在唱上的基本功就很差,学唱评剧,听后完全不是评剧。有的演员说贯口,快倒是快了,可所有的节奏都不对,话含在嘴里,那还是贯口吗。我们听马三立老先生的《夸住宅》,那些贯口就像是聊天,一点也不卖弄,但听起来朗朗上口。说贯口说得脸红脖子粗,即便说得好也是失败的。

相声应该有情节,或者说有故事在里边。优秀传统相声讲故事很突出,比如相声大师张寿臣的《小神仙》,还有侯宝林的《夜行记》。有故事,也有人物,这就是传统相声结构的两大优势。这次听的相声大赛,很多段子都是小段集锦,没人物,没故事,没有垫话,也没有高潮,当然更没底了。专业组表现得尤为明显,一看就是在为春晚选节目,选手们都是奔着春晚的路子去表演。表现的手段不多,做鬼脸,出怪相,还有别的招吗? 过去听相声,当场笑完了以后,转天想起来还想笑,这包袱就是一响到底。比如马三立说的小段《找糖块》《追》等。相声之所以会衰落,个中原因很多,其中相声创作严重不足经常被排在第一。这次相声大赛的举办初衷是好的,可是精品相声少是大家普遍的一种看法。与之相对应的是相声创作人才的大量流失,目前全国专业的相声作家不到十几个人,而且其中绝大部分都已开始从事利润率高的电视剧本创作,真正潜下心来搞相声创作的人少之又少。相声创作在近十年的过程中不住地滑坡,跟不上时代,远离社会。为了迎合所谓的观众,朝纯粹的娱乐化和商业化发展。也许更重要的原因是相声在适应时代发展的过程中,没有处理好继承与创新之间的关系。相声不逗了,表演超越了创作,这就造成了两败俱伤。一段相声如果不能让台下的观众发出笑声,是失败的相声。这次相声大赛的掌声多于笑声就是个例证。段子不好听,净耍贫嘴,不逗乐也不深刻。其实,能让观众捧腹大笑的包袱一定是深刻的,是高于观众想象的。

传统相声有个叫《八大改行》的,内容其实很悲哀,但却能让人发笑。你不能不说创作者的匠心,是哭的说成乐的,这就是反其道而行之的手法。而当前的相声创作能做到这一点的微乎其微。现在的相声之所以不能吸引观众,就在于没有精品出现。可能是我爱相声才这么说,央视搞相声比赛为什么,不就是想让相声发展下去吗,这就算是我鸡蛋里挑骨头吧。

相声杂说

　　近年来,大家对相声艺术的评价各异,有说不景气的,但更多的则认为走出了低谷。尤其在天津,由于小剧场相声的崛起,老中青三代形成良好的阶梯趋势,开始在全国走红票涨。但是仍然感觉新作越来越少,好作品凤毛麟角;题材狭窄,创作和表演的风格单调。平心而论相声再度兴起,是源于文化娱乐业的迅猛发展,年轻人开始回归传统艺术的需求。面对着这么好的市场,相声生产者们本应该更好地抓住机遇,可是过于急功近利,文化的积累又不够扎实,我们清楚地看到相声的表演在走向做作、空洞和庸俗。参与相声创作的大都是演员本人,就总体而言则显得生活底蕴不够。即便是对传统相声的整理和挖掘,考虑更多的也是技术性的包袱,而较少对生活底蕴进行开掘。一般情绪的宣泄取代了对艺术的抒情,琐碎生活事例的罗列取代了对艺术形象的塑造。就相声本性而言,是以讽刺为特长的,但由于创作意识和观念的模糊,讽刺变得极其粗浅直露,习惯了拿自己找乐。

当前，相声创作的贫乏与观众欣赏水平的矛盾日益突出。然而，相声拥有的观众人数及其演出获得的掌声，往往又使某些相声演员局部性地陷入了一种盲目的乐观，掩盖了相声依旧不景气的内质。据说，现在全国专业相声作者不过十几个人，这与观众对相声的需求量很不相称。于是每年上演的大量相声逼着演员自己来写，他们应接不暇地在各小剧场演出，往往只看到生活的表面现象，没有时间对社会生活深入了解，这就很难产生上乘之作。相声作家梁左英年早逝后，姜昆的相声就很少有佳作问世。而高英培和范振钰的去世，也使得相声作家王鸣禄失去了合作对象，寂寞了许多。

观众需要相声精品多些再多些，而实际情况却是千呼万唤出不来。除此外，相声创作的低稿酬和几乎没有著作权的局面，也在一定程度上影响了相声作者的创作积极性，使相声的发展滞后于时代。在市场经济条件下，鼓励相声创作，在要求创作者保持高度责任感的同时，应运用经济杠杆，让那些辛勤耕耘的相声创作者能够得到应有的物质回报。在这个基础上，鼓励相声创作，振兴相声艺术才能落到实处。其实，相声演员写相声，有别人不可替代的优越条件。他本身就是演员，有舞台表演经验，自然知道什么时候观众会笑，怎样写包袱才"脆"等。相声演员写相声，是内行搞创作，往往会出精品。当然，这里仍有个创作者深入生活，观察生活，研究生活，进而凝炼生活，提高生活的问题。否则，浮于表面，缺乏生活深度，缺乏提炼能力，缺乏思想力度，刻意为笑而笑，一味哗众取宠，同样会走向自己的反面。就像有些电影导演自编自导自演的电影一样，最后只能臭了自己。相声演员写相声，是一个大大的富矿。可惜，这个富矿还没有被人们充分认识，也没有被相声演员充分认识。

据了解,北京周末相声俱乐部是由北京西城区文化馆组织的,他们的论坛让赵大年、刘恒、黄宗江、邓友梅、梁秉堃等八位文化界名人齐聚一堂,"说"了一场别开生面的相声。俱乐部当场聘他们为文学顾问,主席李金斗笑言,有了这些文学顾问,相声俱乐部以后的发展就有了后台。作家刘恒提出,电视在迅速普及相声的同时也放大了相声的缺点。一个中等水平的相声演员在电视上频频露面必然被观众记住,名利双收;而一个非常有才华的相声演员如果拒绝电视,他有可能永远默默无闻。他在一针见血地指出当前相声为什么让观众已经不再有期待的同时,总结出搞好相声的两个关键。一个是创作好的作品,再一个就是造就好的演员。天津文联连续举办全国新相声作品大赛,然后请知名演员对号入座,就是证明这两个关键。

也许更重要的原因,是相声在适应时代发展的过程中,没有处理好继承与创新之间的辩证关系。相声评论家张蕴和认为,当前不少相声虽然在形式上有所创新,但欠缺的是文化积淀,内容庸俗语言乏味,让人们连听的耐心都失去了。现实本身就是对相声界轻视传统而又未能进行有效创新的一种惩罚。认真剖析传统群口相声中马三立、郭荣启、赵佩茹合说的《扒马褂》对人物的刻画,对夸张的把握,对讽刺的入木,当今没有再能复制的。还有单口相声张寿臣《小神仙》的栩栩如生的故事性,前后衔接的抖包袱,现在也很少看见。相声作为幽默艺术的一种,纵然是侯宝林大师说的那样"有五千年文化作后盾",但在娱乐方式林林总总、千花怒放的今天,相声早已不是昔日那朵一枝独秀的花了。相声今天所遭遇的一切,只不过是它在文艺繁荣的时代重新回到了本来所应在的位置。

我听相声名家李金斗说过,相声不景气的原因,无非是拿它与刚粉碎"四人帮"时相比。那会儿全民有怨气,相声短小精悍,一说特痛快。现在进入到正常生活,就不能天天骂人了。况且现在大家都搬到远离市中心的地方住,吃完饭再换衣服出门坐车听相声,不实际了。一般就只是在家跟电视较劲了。可现在又有了变化,那就是青年人开始喜欢走出家门,到小剧场去听听相声。当然不是为了图教育,而是为了开心。现在工作压力很大,节奏也很快,各种心理疾病在悄悄蔓延。听相声就是为了解压,这就造成了观众群的知识水平高了,挑剔多了,笑声难出了。对相声演员也造成了极大的压力,能不能把高学历的人逗乐了,或者说能说什么让这些人开心。相声是喜剧艺术,一段相声如果不能让台下的观众发出笑声,是失败的相声。我曾经陪着外地的朋友听相声,听完后他比较失望,说,天津的相声不像外界说得那么好。段子不好听,净耍贫嘴,不逗乐也不深刻。我不太服气,再问他,你别光说不好听呀,你说问题在哪。他说,很多相声作品内容庸俗,语言乏味,不是隔靴搔痒,就是牵强附会,甚至脱离实际胡说八道,一眼就能看出演员缺乏生活积淀。

很多演员把传统段子穿衣戴帽,里边杂糅着很多自己并不成熟的东西,或者拿微博和社会流行的笑话当佐料。我感到比较可怕的是黄段子越来越收不住,能说得你坐不住。看到不少女孩子听完不脸红还哈哈大笑,就更窘迫了。有内行的朋友对我说,别这么正经,说些黄的荤的没什么大不了,人家观众来就是听黄品荤的。过去老艺人不也是说黄的吗,又不是我们现在才说。我不敢苟同,不否认老艺人在那种社会中说荤的,可那是生活所迫。但那时老艺人还是以德行著称,凭的还是吃张口饭的本事绝活。现在中青年相声演员还需要牢固的传统基础,没有这个基础是说不出好相声的。没有传统基础的新相声也会变味、变种。我认为中青年相声演员起码要掌握三十个以上的传统相声段子,还有包括说学逗唱四门基本功的段子。不能翻来覆去就是那几段,自己上台说着都腻。听到有个别年轻相声演员有点儿名气后,曾经得意地对别人显摆,说相声就是这么一回事,靠我这张脸就能逗笑了,不是外头说的那么费功夫。我想还要多读读书,古今中外的,砸砸基础文化的夯。我看过一些年轻相声演员的微博,感觉他们已经注意到了这一点。现在的相声演员实际上是两拼,一个是拼文化,另一个就是拼传统基础。

相声的传承基本上就是师傅带徒弟,辈辈口传心授这个现实是无法更改的。20世纪50年代以后,开始有了几期相声学员班,现在则有了冯巩办的相声大专班,特别是天津艺术职业学院培养出了很多相声的新生力量。但其中存在的问题是学员学得不扎实,老师传授也只能是点到为止。传统相声会得太少,实践的地方也不多。我觉得小剧场的兴起给新人提供了一个实践的地方。相声人才并不缺,重要的是他们怎样真正地去学习。所谓师傅领进门,修行靠个人。为了相声的长远发展,还应采取措施理顺作者与演员之间的关系,合理分配演出收益以调动相声创作者的积极性,最好是形成市场化运作模式。不能谁说的段子火爆,就不问青红皂白拿走去说,这就是恶性循环。有的相声演员在这个小剧场听别人说完了,转到另一个剧场就去说。多么火爆的段子也经不住这么折腾胡来,迅速的传播也造成了包袱难抖,因为观众都知道了。我认为应运用经济杠杆,让那些辛勤耕耘的相声创作者能够得到应有的物质回报。在这个基础上,鼓励相声创作,振兴相声艺术才能落到实处。

现在一些相声充满了小品的因素,渐渐失去了相声的传统本色。如果相声为了短暂发展和提高收视率去取悦一部分观众,而失去其本色,这无疑是相声的悲哀,也会使真正热爱相声的观众远离相声。相声就是这么站着说,靠着两片嘴把观众逗笑了。如果介入这个,运用那个,在短暂的辉煌后将会是相声真正衰落的来临。

传统相声还有多少人说?

前不久,我与一位年轻的相声演员深聊了一次,因为是出行在外,聊得时间比较多。我们的话题是,现在的年轻相声演员能够在台上说传统经典相声的有多少?或者能说的还有多少段?我掌握得不很全面,但公允地说,确实很少了。不少年轻的相声演员把传统的经典作品打碎了,糅在当下的段子里边表演。经典成了碎片,传统相声的主脉支离破碎了。我觉得不是不可以这么做,如果觉得传统经典段子现在不好说,又怕自己抖不好包袱,或者这些传统经典段子观众比较熟悉,对比前辈说起来很难,适当地这么做能理解。但如果成了一种趋势,或者习惯,就会出现传统经典相声的边缘化和陌生化,这是很可怕的事情。苏文茂生前曾经跟我说过传统经典段子能有多少,他说大约一百多段。现在一些老相声演员尚能在舞台上表演,但他们登台的时间在压缩,毕竟还能感受到前辈艺术家原汁原味的独特魅力,也传承了不同的相声表演风格。传统相声的表演不是千人一面百人一腔,有着丰富的表演内容。即便前辈们都使用一个传统经典段子,所表现的也不同。马三立说的和张寿臣说的就不一样,而刘宝瑞说的和侯宝林也不同。老前辈积攒下来的这些传统相声经典,不论是从文本上还是从风格上都是宝藏,年轻相声演员不但要传承保留下来,更重要的是在继承中发展起来。

有的年轻相声演员觉得说传统的经典相声固然是对自己的锤炼,但觉得说得不新鲜,气场太旧,即便是借鉴也觉得费力不讨好。还认为说些碎片式的相声,或者小段集锦,台上轻松自如,节奏也快,包袱也响。于是你这么说,我也这么说,传统经典相声就越发不能被搬上舞台了。后来导致能说的也就是十几段,还有的就是七八段。那次听苏文茂跟我讲,那时的相声演员都是一两百段老活,说上三个月都不会折回来再说。我还有种担心,如果不整理出这些传统经典段子,逐步推广,可能以后就会失传,或者只留下只言片语,甚至于伪相声会成为以后的演出风向标。当初《扒马褂》就是不断演出,然后不断修改,成为百年相声的经典之作。传统经典相声就是要传承,口口相传,不断充实,添柴加火。

现在的年轻相声演员记忆力好,反应快,一般的相声作品听几遍就能说下来。多说传统经典相声段子对他们有好处,提高快。相声从哪来的,必须还要回到哪去。传统经典相声段子就是一座座桥,不一步一步跨过去,就达不到成功的彼岸。现在提倡继承和发扬传统文化的精神,那么传统文化的经典部分则是关键一环。经典的传统相声段子也是传统文化里的精髓所在,我们不能遗弃或者将它边缘化,导致它逐步消失在舞台上。传统文化不是虚拟的,是一个个经典构建出来的。唐诗宋词的博大精深,元杂剧和清小说的文脉深邃,这都是看得见摸得着的。如果传统经典相声逐步消失了,或者淡出了,那么相声的文化基础也就随之削弱了。

作家与相声的混搭

在现代相声发展史上，一般都是相声演员自己编自己演，像张寿臣、马三立不说，后来的郭德纲也是不用别人写，自己编完自己演。可这样就限制了相声创作，相声演员毕竟不是作家，摇笔杆子不是他们的强项。说起来作家介入相声的很多，比如天津的何迟，他是剧作家，而且是一个大剧作家。何迟给相声名家马三立写了很多相声，比如脍炙人口的《买猴》。他的相声创作立意深邃，角度新颖，社会性极强。一般相声演员受自身文化阅历的约束，是难以创作出来的。我接触过何迟先生，他聊起天来很温和，语调也显得谦恭。可你看他的文章也如相声，犀利而又幽默，鞭挞不良社会倾向准而狠，有些像美国作家马克·吐温。可惜何迟因为身体的缘故去世较早，他的后人曾经是我的下属。何迟的墓碑距离我亲人的很近，每次清明去扫墓都要在他遗像前默默站一下。我去扫墓的时候还曾去祭拜另一个故去的作家，他叫刘梓钰，是天津艺术研究所的所长，也是作家，他也热爱写相声，不少相声演员都喜欢找他要作品。他因为患胰腺癌去世多年,他的墓地就在何迟的旁边。我每次送鲜花时都要预备多束,让这两位作家的墓碑有点色彩,因为他们生前都喜欢热烈的颜色。

再如老舍,他从美国回来以后也写了不少反映现实的相声,他写的相声与他的小说一样,充满了对北京大街小巷的热爱,尤其是对北京方言情有独钟。侯宝林等大师说他写的相声,但听说都要重新梳理,完全按照老舍的相声原本去表演,台下的观众就笑不起来了。梁左是另外一个典型,他也是一个剧作家,像全国首部情景喜剧《我爱我家》就是他的一个经典剧目,现在很难再有新的剧目能超越了。梁左对传统相声可以说相当熟悉,掌握起来游刃有余。梁左最大的功绩就是开创了相声创作的一个先河,把文学和相声嫁接,用传统的相声手法表现后现代文学的主题。跟过去传统相声不一样,尽管他的作品也有垫话、也有入活,也有三翻四抖,表面上看传统相声的手段没发生变化,但它的表现元素发生了一种颠覆的变化。如姜昆、唐杰忠表演的《虎口遐想》,把人物的背景放在一个动物园里,主人公随时都有可能被老虎吃掉。这个场面就是法国喜剧片的感觉,人物表面紧张恐惧,但观众却在这种特殊的气氛里领略梁左所要说的主题,那就是小人物的善良心态和勇敢精神。

梁左是北大学中文的,他对相声语言驾轻就熟,基本都是子母哏,一头沉的东西很少。他为什么选择子母哏,就是要增加语言的节奏感以及背后的强大社会信息量。他那时候都是能把最新的信息融入到相声作品里,把一种超前的、前卫性很强的东西搁进来,但又丝毫没有陌生感。他还很容易地就把文学性的东西介入到相声里边,设定一个特定环节。比如像电梯,让电梯上不来下不去,然后把在电梯中所发生的故事栩栩如生地讲出来。还有像人掉到老虎洞里头,这个特定环境、特定情节、特定人物就显得新鲜和刺激。其实这是小说和剧本的基本结构方法,他都移植到了相声里。他还有一个更绝的相声叫《特大新闻》,从来没有人能这么写过,他把人物和故事都放在令人瞩目的天安门广场。张口就说天安门广场要成为菜市场了,弄得所有观众都竖起耳朵听这是怎么回事。因为相声的创作者们、演员们不能想象把天安门广场这么大的空间变为一个市场,这就需要想象力和对时代的把握性相当敏锐和准确。梁左开创的每一个窗口都是过去相声中没有打开过的。因为过去的相声都是反映底层老百姓的,反映高端或者反映更大的社会背景,我们看到的很少。所以我特别呼吁更多的作家、文学家能够喜欢上相声,能够参与到相声创作中来,使相声更有文学性和社会性。

天津年轻相声演员
在小剧场的崛起

　　近年来,天津小剧场相声在逐渐成熟和发展,大约有十多家剧场和十几个相声团体在演出。有谦祥益、同悦兴、天华景、名流茶馆、西岸、金乐、小梨园、大金台、和平文化宫、天津群众艺术馆、中国大戏院等不同的场所,观众上座率各有不同,总体不像外界说的场场爆满,但依旧能维持这些相声团体的正常所需。从数量到质量看,天津同北京和其他城市相比,已经成为全国小剧场相声的核心地和风向标。天津小剧场相声十几年来的培育和发展,老中青三代相声演员形成了良好的阶梯趋势,在全国走红票涨是必然的。尽管在小剧场中,原创相声在稳步发展,占有比例不断增长,但仍先天不足,迫切需要提高。前不久在金乐看了一场相声,其中老相声演员常宝庆带着年轻相声演员闫玉山的一段原创相声,很多元素是常宝庆精心捧着闫玉山,舍得给他包袱,给他设计台词和节奏。还有尹笑声、黄铁良、刘文步、常宝庆、佟守本、佟有为等一批老相声演员带着徒弟,或者说更多的中老年相声演员在台上台下言传身教,使得年轻相声演员有了丰厚的文化传承,更重要的是奠定了原创相声迅速发展的基础。但仍然感觉有质量的原创难出世，精品或者能流传的作品凤毛麟角，远远不能满足相声演员本身的需求，更不能让观众欣赏到赏心悦目的原创作品。

问题是题材过于狭窄，趋同化严重，大家说的大同小异。除了将传统作品简单地拆拆改改以外，大都是在网络上搜集笑话小段拼凑而成。没人物，没故事，没有垫话，也没有高潮，当然更没好底了。有不少演员一个星期说的段子，做不到不回头，说着说着就回到原来。我曾听著名相声演员苏文茂说过，一个相声演员必须掌握七八十个段子做储备，根据不同观众说不同的作品。不能翻来覆去就是那几段，自己上台说着都腻。我想，提高原创相声的质量，还要多读读书，拓展自己的文化视野。

西岸相声团能做到每场根据不同观众说不同的原创段子，然后一个月必须要编出几段新作品或者相声剧。这就是一个可贵的做法，可能新作品不很成熟，说上一段时间就开始由生变熟，一遍拆洗一遍新。当初《扒马褂》就是不断演出，然后不断修改，成为百年相声的经典之作。由于原创作品的趋同化，也使得表演的风格趋于单调。现在，参与相声创作的大都是演员本身，总体而言则显得生活底蕴不够，眼界狭窄，即便是对传统相声的整理和挖掘，考虑更多的也是技术性的包袱，较少对生活底蕴进行开掘。一般情绪的宣泄取代了对艺术的诠释，琐碎生活事例的罗列取代了对艺术形象的塑造。相声是以讽刺见长的，由于创作意识和观念的模糊，讽刺变得粗浅直露，总是习惯了拿自己或者别人找乐。相声演员原创作品的贫乏，根源是简单的模仿，一味在网络上找素材寻包袱，这就与观众欣赏水平日益提高形成冲突。然而，相声拥有的观众人数及其演出获得的掌声，往往又使一些相声演员陷入一种盲目的乐观，掩盖了天津小剧场原创相声出现危机的内质。

　　相声这门艺术是口传心授，这个现实是无法更改的。20世纪50年代以后，开始有了几期相声学员班，后来有了冯巩办的相声大专班，天津艺术职业学院培养出了很多相声的新生力量，成为天津乃至全国相声输血站。天津小剧场的兴起也给这些新人提供了实践的舞台，目前不少小剧场都有很多天津艺术职业学院毕业的或者还没毕业的年轻演员。我就碰到了好几个，他们舍不得离开天津，或者准确地说是舍不得离开相声，都愿意留在天津发展。小剧场是他们展示的舞台，不少相声团体的收入也不错，这就保障了他们的生活。但重表演，轻创作成为目前一大顽疾，现在天津小剧场年轻相声演员人才并不缺，重要的是他们怎样真正地去学习，除了表演以外，怎么能在原创上下功夫。所谓师傅领进门，修行靠个人。这里还应考虑原创的传承，为相声的长远发展输血。合理分配演出收益以调动相声演员的热忱，但我认为更主要的是把原创作品列入到利润分成，形成市场化运作模式。不能谁说的段子火爆，就不问青红皂白拿走去说，形成恶性循环。有的演员在这个小剧场听别人说完了，转到另一个剧场就说。多么火爆的段子也经不住折腾胡来，迅速的传播也造成包袱难抖，因为观众都知道了。我认为应运用经济杠杆，让那些辛勤耕耘的原创作者得到应有的物质回报。在这个基础上，多鼓励相声演员创作，振兴相声艺术才能落到实处。现在一些原创充满了小品的因素，渐渐失去了相声的传统本色。如果相声为了短暂发展和提高上座率取悦一部分观众，而失去其本色，这无疑是相声的悲哀，也会使真正热爱相声的观众远离而去。相声是靠着两片嘴把观众逗笑了的艺术，原创过度失血，源头不旺，大家每天说的都是观众听熟的几个段子，短暂的辉煌后将会是相声真正败落的来临，对提升天津小剧场原创相声要有紧迫感！

太平歌词依然有人爱听

　　相声很早就被列入到国家"非遗"项目里了，当然，北京和天津是两个传统的大本营。在相声中，太平歌词一直是重要的一环。相声本身说、学、逗、唱四门功课，其中的唱，包括开场小唱等，比如地方小曲、拾不闲、怯大鼓、莲花落、数来宝、竹板书，其中太平歌词是唱的重要表现手段。我有幸在20世纪80年代的初期，记不得在哪个曲艺剧场了，欣赏过马三立、郭荣启、赵佩茹合说过的传统经典《扒马褂》，一开始就唱的太平歌词，当时就觉得很新鲜，也很好听。那时，我在市群众艺术馆曲艺刊物当编辑，有次在后台听几位老相声演员聊天，说着说着唱起了太平歌词，你一句我一句的，好像在回忆传统小段。看着他们回忆的过程就是一种享受，觉得每一个唱起来韵味都很浓郁。记不清楚哪个老相声演员对我说，"文革"就不让唱太平歌词了，一搁就是十年，再不唱就都忘了。随着时间的推移，越往后听到的太平歌词就越少，不少年轻相声演员偶尔在台上演唱，一听就不是那个味道，感觉是在卖弄。其实，太平歌词的曲调并不丰富，但唱起来很难，拐来拐去的音调很难拿捏好。而且用的鼻音还很重，但就是那鼻音增添了优美的音律。

北京海淀区的曙光街在2009开始申报太平歌词，后来被正式列入第三批非物质文化遗产名录，王双福为太平歌词的传承人。王双福是武警文工团的快板、相声演员，其父是著名的相声太平歌词演员王本林，以前就在天津红桥区的相声队。王本林演唱的《单刀会》《层层见喜》《火烧绵山》等节目深受观众的好评。北京太平歌词非遗获得成功，这样就给天津带来了压力。因为天津的太平歌词从历史上讲就实力雄厚，人才济济。但近几年有被边缘化的趋势，有人唱，但一直都裹在相声里边表演，没有把它作为一项主要的表演展示出来，给人的印象是高峰期已经过去。再加上太平歌词语音单调，就造成了不好唱，唱不好，不好听的现实。如果不把太平歌词单列出来，如果不马上继承发展，如果没有人站出来积极响应，就有可能濒临失传。更让我担心的是，有些有影响的中青年相声演员开始把太平歌词拿出来演唱，但听完之后就觉得只是模仿演唱，不少观众就误认为这就是太平歌词，于是有热心者就跟着传唱，越唱越不是那个意思。

我不是曲艺圈里的人，但做着天津的"非遗"工作，又喜欢曲艺并且研究曲艺，深感必须要把天津的太平歌词申报成"非遗"，然后借助这个平台去研究、去扩展、去产生影响。于是，我就跟周边的人呼吁，希望有人能站出来响应。和平区一直是曲艺的老家，过去的和平实验曲艺团名家荟萃，而且他们对"非遗"很重视。这时候有人说到了佟守本，还有人说起刘文步。我跟和平区"非遗"中心一说，他们也很热衷。确实，北京申报了太平歌词，这也给天津带来推手。我和佟守本相识，跟刘文步也熟悉，特别是佟守本对太平歌词更是如数家珍。说起来,佟守本和刘文步都跟太平歌词老前辈杨少奎有渊源,杨少奎在相声界是公认的太平歌词演唱大家。这就是有了继承的前提。两个人联袂申报"非遗",在曲艺的"非遗"申报中还比较少见,因为相声界单打独斗的比较多,联合在一起的比较少。但佟守本和刘文步做到了,两个人虽然不在一个曲艺团,但为了太平歌词一起上台演出,不管捧逗关系,为的都是让太平歌词作为"非遗"能够保留下来,并且发扬光大。天津相声人有人品,有文化情怀。为了老祖宗的玩意儿,为了能让太平歌词代代传下来,自己牺牲一些不算什么。

佟守本对我说过,太平歌词依然有人爱听,还有不少年轻的观众。佟守本这句话给了我莫大的鼓励。他下定决心深入挖掘、继承、整理,把传承太平歌词的事情认真做起来,算一算,从他1963年学习太平歌词到2013年已经整整五十年了。他坚持搜集整理太平歌词的段子,坚持了五十年,谈何容易。现在会唱老段子的人越来越少,能唱好老段子的人更是不多。于是他就查阅资料,多少年过去了,整理的资料已经有了规模,例如《饽饽阵》《劝人方》《嫌贫爱富》《金石良言》《阴功报》《江湖人告苦》《汉高祖追张良》《孟姜女哭长城》等。为此,佟守本整理出版了一本传统太平歌词的汇编,大大小小上百个段子。这本太平歌词的书籍难能可贵,可以说佟守本对太平歌词的传承有了一个交代。记得那天和平区举办"非遗"展示演出,我在天华景剧场看了佟守本和刘文步合说的太平歌词,一板一眼,一字一句,一调一腔,都显示出很强的功底。

我在北京碰见过相声名家师胜杰,听他演唱了一段他父亲师世元创作的现代作品《刘胡兰》,这一段当时也是流传甚广。师胜杰手拍着桌子当板,唱得起承转合,荡气回肠。他说起太平歌词也很有感情。他说父亲当时创作了不少太平歌词,而且到处演唱,给他留下了深刻的印象。现在如果再不保留下来,或许就保留不下来了。我也曾经听过相声名家马志明演唱太平歌词,说实话真是好听,韵味十足,对那些说太平歌词不好听的人来说就是一种纠正。我祝愿天津的太平歌词能申报国家级"非遗"项目成功,让北京和天津的太平歌词两翼齐飞,能把这个传统项目做好做大做强。

怎么喊起了"苍孙"？

　　冯小刚在电影里喊出了"苍孙无限好"的话，还在电影里做了解释，苍孙就是岁数大的男人。几个朋友议论这是不是新的流行语，或者说北京的老话。我跟相声界的人比较熟，也听到了他们之间说了不少春典，也就是相声行里自己的对话方式，不想让别人知道。"苍孙"是我比较早听到的相声春典里的一句话，解释与冯小刚所说大致相同。形容老年妇女就是苍果。年轻女人叫果实，年轻男人叫孙食。更年轻的女孩子叫撅铃铛。我曾经听到两个老相声演员完全用春典对话，有的我能听明白，有的就一头雾水。后来，我在北方曲艺学校讲授相声常识，看到课堂的孩子们都能说春典，而且说得很流利，让我很惊诧。下课时，我曾经问他们，怎么学这么多的春典？孩子们骄傲地说，喜欢，比外语有兴趣。我曾经到威海开会，看到一个北方曲艺学校毕业的学生。我无意中跟他说了一句春典，说的是你置储了吗？也就是说你挣钱了吗？这个毕业生兴奋地对我说，您会春典？我不好意思地说，就几句。于是，这个毕业生滔滔不绝跟我说起春典,满脸通红。后来,他说,终于找到能说春典的了,毕业后就一直想说。我很奇怪,难道春典有这么大的语言魅力,没机会说就会找人倾诉。

后来,我曾多次跟相声界的人聊天,都说起春典。有几个老的相声演员不以为然,说学这么多炉灰渣滓有什么用,把本事放在表演上多好啊。我曾经对这种看法表示支持,确实看到不少年轻的演员对春典格外青睐,不分场合就爱显摆,表示自己学了多少。可一到台上就傻,没了台下那点机灵劲儿。但久了我也琢磨,其实相声界的春典也是一种非物质文化遗产啊。不应该摒弃,应该留下来研究,它也是丰富的语言素材。研究它怎么产生的,后来又为什么流传,它的弊端在哪,它的优点在哪。有次,我和一些相声演员去吃饭,饭桌上,他们谈起春典,说不应该全抛弃掉。比如在台上演员表演时间长了,那么台侧提醒一句,撅着使,这句春典就告诉他压缩时间,别拖了。如果台下的接替演员还没准备好,台上的演员还不能马上下来。那么台侧的人喊一句,嗨着使。台上的演员就明白还下不来,需要再延长表演时间。如果台上演员的声音小,台下的观众听不到,台上的演员又没理会,台侧就会喊,长吭。那么台上演员就明白了,嗓门儿立刻提了上来。这些春典使得演员之间有了独特的交流,外行人也不知道说的什么。我看过一个场面,组织者给相声演员发劳务费,每个人给的都不一样,特别是外地和本地的就差不少。于是,演员之间互相用春典问给了多少。大家对照完以后,找到组织者说,你们把演员分成三六九等太不好了。我看到组织者很狼狈,他悄悄问我:我就在他们跟前,没听到他们互相问啊,他们怎么知道分的钱数啊? 我说:春典。

每个行当都有自己的言语,只有内行人才能懂得,其实这也是一种表达，也是一种祖上传承下来的宝贝玩意。我不太喜欢冯小刚把相声里的春典搬出来，成为公开化的东西。给相声行当保留下一种神秘，一种只有他们自己才能交流的语言，也很有民族性。

拉拉杂杂聊曲艺

天津的曲艺，如果说现在能在全国有优势的，或者还能在茶馆里活跃的，不是相声，而是鼓曲和书曲。

我这几年，由于工作的关系，常在各种类似茶馆的地方，欣赏专业和业余演员的表演，那是一种享受。我最喜欢京韵大鼓，尤其爱听传统的段子，如骆派代表作《剑阁闻铃》《丑末寅初》《红梅阁》，刘派代表作《战长沙》《李逵夺鱼》，白派代表作《探晴雯》等。我有幸和骆玉笙有过交往，也多次欣赏到这位当代曲艺大师的演唱，那真是韵味浓郁，而且具有中国传统文化内涵的高层次。我能完整地演唱她的《丑末寅初》，每次文化界聚会时，大家都让我"票"一段。我在"丑末寅初，日转扶桑，我猛抬头，见天上的星，星拱斗，斗和辰……"的唱腔中，体味出曲艺的魅力。现在，天津骆派可以说是人才济济。有国家级"非遗"传承人陆倚琴和刘春爱等，也有青年的冯欣蕊，更有后来的李响等。业余的骆派优秀演员也不少，李光荣作为其中佼佼者，至少能搞一台骆派专场晚会。天津的刘派京韵大鼓，自从小岚云去世后，像她这样出类拔萃的继承人不多见了。我在现场听过小岚云演唱的《逼上梁山》，气势磅薄，绕梁三日。在纪念她艺术成就的研讨会上，我提出，小岚云的演唱已经超过她的前辈刘宝全，引起与会者的争论。目前，天津的刘派尚有张秋萍和杨凤杰等，她们的高音很好，只是行腔与老前辈比较还稍稍欠些，但在全国也是首选了。其他唱刘派的不少，比如韩梅，她演唱宋勇创作的《深圳行》就很有特色，扮相也漂亮。此外，男演员已经显露出风采，比如赵桐光的唱腔处理，阳刚中带着细腻和委婉，可惜他英年早逝。白派倒是兴旺。虽然阎秋霞去世，可后来的优秀演员赵学义和青年演员王莉已经深受观众欢迎。赵学义的突然去世使得白派继承有了遗憾，白派不好唱，因为它的腔调不丰富，旋律性不强。业余演员唱白派的也不乏其人，如男演员李树盛，他能大段大段地演唱长篇白派大鼓，还有很多喜欢白派的演员在舞台上表演展示。韩梅和王惠演唱的对口京韵大鼓《将军泪》，刘派和白派相得益彰，高亢和秀美融合，有滋有味。

　　说起天津的梅花大鼓，我不太喜欢听，主要是不如京韵典雅，上下句重复。可天津的梅花在全国没人可比，屡屡获奖。尤其是籍薇，还有一批年轻演员，如王喆和王莹等。那年在北京，看了王莹的一台专场，北京许多曲艺名家去捧场。王莹是个业余演员，可她演唱的梅花字正腔圆，落地有声，赢得全场观众的喝彩。只可惜没有为她创作出出彩的作品，从这点说，天津的业余曲艺创作，偏重说词，而在唱词上成功的作品凤毛麟角。可喜的是曲艺作家宋勇开始从相声转向唱词，两段京韵大鼓选材立意都新颖独到，给人留下深刻印象。杨好婕也是创作风头不减，佳作连篇。说起唱的曲种，天津的单弦在全国也是独树一帜。刘秀梅能演唱一个专场，每一段都有自己的独特艺术处理,她的演唱有变化但不离其祖,而且在表演上有匠心。青年演员陈宝萍也后来居上,嗓音和韵味都不错。可惜的是天津时调,王毓宝的继承人廖廖,高辉很少登台,而之后的刘迎虽然嗓音甜润,但韵味儿总觉得差点儿火候。去年,业余演员梁淑华登台演唱不同反响,高腔挺拔,落地有声。说起唱的,要说张楷的河南坠子,我在中央电视台上看过她演唱的《偷石榴》,觉得唱出了自己的风格。我和张楷很熟,她知道用功。她在中国北方曲校学习时,文学底子打得牢固,所以她的演唱就融入了文化,人物丰满,语言有了背景。

在天津的说词方面,快板书是强项。李润杰去世后,张志宽和李少杰成为出色的接班人。而有一批业余演员对专业演员形成强大的补充,像宝刀不老的张万年以及新秀宋志宾。宋勇、郑文昆等行家的创作,也为快板增添了亮色。河东区文化馆的刘德印的表演特色明显,火爆,风趣,热烈,观众效果好。而山东快书,在天津显示不出什么力量来了。储从善、张杰等比较早得淡出舞台,也使得山东快书成了稀罕的曲种。相声就不说了,我观看了市群众艺术馆主办的那台原汁原味的传统相声晚会,一千多观众在三个小时精湛的演出中没有几个起堂的,最后站起来用热烈的掌声谢幕,这也是近年少有的,说明相声在天津有所复苏。尹笑声、马志明、田立禾、李伯祥、魏文亮等一批老艺术家支撑着津门相声门面,中青年相声演员也显示出实力,但客观地说,还需要给相声一个更为轻松的艺术氛围。相声作者也要为相声演员多创作些优秀的段子。在这方面,丁润洪、宋勇、杨志刚、高玉琮等尤为突出,给后期的赵宇、于浩、冯阳等人带来影响。天津的曲种丰富,而且演员一代接一代,再加上众多的业余演员作为后盾,这是其他城市难以抗衡的。

说得这么多，难免挂一漏万。公允地说，天津对曲艺的评论还不够，薛宝琨等去世后就显得有些空白。高玉琮等迅速递补，但也显得成为了短板。尤其是业余曲艺的评论很少有专家涉及，希望能加强。

西河大鼓都是唱大鼓书

　　我从小就接触西河大鼓，那时候我娘最喜欢听，一边烙饼一边听。当时听得最多的是艳桂荣的《杨门女将》。我娘喜欢听的，我自然就跟着听。她经常忘记了烙饼，我就跑到厨房里帮着她烙，结果总是烙糊了。艳桂荣的西河大鼓高亢挺拔，让你听着荡气回肠落地有声。她表演的《杨门女将》惟妙惟肖，都是有人物的，让你记住了她的嗓音也记住了书里的人物。她拴扣子拴得好，总是在一个关键时刻把扣子拴住拴牢靠，然后让你明天接着听。后来，我有幸和艳桂荣来往，说起我娘听她的演唱烙糊了饼，说得她哈哈大笑。天津的西河大鼓流派很多，比如郝派，就是郝艳霞，现在她女儿郝秀杰也相当了得，唱的大鼓书在央视播放，铿锵有力，句句落在点子上。还有就是田派田荫亭，他在谦德庄。我在群艺馆当曲艺编辑时去看望过他，老人家写得一手好字，文质彬彬。他的西河大鼓描述能力很强，抑扬顿挫，婉转动听。如果说艳桂荣艳派是豪放派，郝艳霞郝派则是田园派，那么田荫亭田派就是婉约派了。田荫亭的弟子很多，除了大家都知道的田蕴章以外，还有赵连甲等一批名家。前不久，召开了田派研讨会，我和赵连甲聊天，他谈起师傅赞不绝口，觉得那就是一个高峰了。

西河大鼓都是唱大鼓书的，过去一唱就是几个月。天津这三个流派都擅长唱大书，几派竞相发展，相得益彰。西河大鼓的发源地在河北省的河间，河间是一个曲艺集散地，也是一个值得关注的地方。我父亲以前唱木板大鼓，木板大鼓的源头也是在河间。京韵大鼓发源于木板大鼓，自然也是河间孕育出来的了。河间的地方话很好听，有些怯口，但就是这个怯口听起来乡土气息极浓郁，后来的京韵大鼓白派就有了河间的特色。艳桂荣唱的西河大鼓河间文化元素多，她的刀枪架人物架都是那么有节奏，有力度。当然，郝派和田派都有唱大书的特长，这就需要丰富的文化蕴涵。因为大书几十万字，情节跌宕起伏，矛盾丛生，人物众多。刘兰芳说的评书也是在西河大鼓基础上延伸出来，她的西河底子很厚。天津去年把三派西河大鼓都申报为市级"非遗"项目，申报的时候没有捆绑，保留了各流派的风格和特点。可惜，现在演唱的西河大鼓都是小段子了，我担心以后大书是不是会边缘化，那么它的母体就丧失了。当然，现在唱大书有困难，那就是在哪唱，谁去唱，关键是谁愿意买票去听。我有次去河北省的一个西河大鼓书场会，人山人海，上百个西河大鼓演员在那里按照传统的老规矩，给一拨拨的观众唱大书。那就是较量，谁唱得好自然观众就围得多，谁要是唱不好就会冷清。但我听了几段，感觉大书的味道在减弱。我怎么听都觉得没有了艳桂荣的味道，那种味道在现在的浮躁环境里在逐步衰退。

名家杂记

骆玉笙为什么舍不得离开天津？

　　骆玉笙不是天津人，她从小跟着养父母漂泊在上海、南京、武汉等地。她从 4 岁的时候就开始跟养父演出杂耍。她的养父叫骆彩舞，会变中国戏法。中国的戏法就是手活和口活，常常说着说着就把骆玉笙变出来，再让她给围观的人唱上一段京剧二黄。骆玉笙命运是很苦的，那么小的岁数正是需要关心与呵护的时候，却始终跟着养父母为挣一口饭吃到处奔波。骆玉笙没有倾诉人，她只能在唱京剧二黄中发泄自己，用不懂的唱词唱自己的心情。骆玉笙回忆自己童年生活时说，我是唱着长大的。她那时就知道，自己必须在舞台上挣饭吃，要有自己的绝活儿。她个子小，唱京剧二黄虽然有了名气，但能跟她配戏的人却不好找。她 16 岁时，京韵大鼓祖师爷刘宝全先生来到南京演出。骆玉笙见到了这位有着"鼓界大王"美称的大鼓艺人，她深深地被刘宝全的技艺所吸引。骆玉笙后来这么评价刘宝全先生，"听起来天衣无缝，恰到好处。"后来骆玉笙又有幸接触到了京韵大鼓少白派创始人白凤鸣，开始迷上了京韵大鼓。17

岁的骆玉笙做出了人生最重要的一次抉择,放弃京剧,改学京韵大鼓。1934 年,在南京夫子庙的六朝居茶社,骆玉笙拜曾为刘宝全先生操琴的三弦圣手韩永禄为师,取艺名为小彩舞。她开始跟韩永禄规范地学习京韵大鼓演唱技法,规范唱腔、板式等,为闯天津做着准备。后来骆玉笙总结自己时曾说,我当时听说不论南北艺人,最后一定要在两个地方唱红,先在北京,北京唱红不算最后唱红,还得在天津,天津观众认了你,你才真拿到了合格证。骆玉笙明白,去天津演出是她必须要逾越的一关,但她无法预料到自己一旦到了天津,这里竟然成为她一生最精彩的舞台,而且来到天津就没有离开。

如果说骆玉笙早期不幸,历经艰苦,但幸运的是拜对了师父。更幸运的是后来听从师父安排到了她的福地天津。韩永禄是一位技巧全面的老弦师,他精通刘(宝全)派、白(云鹏)派、少白(凤鸣)派的各种唱腔,而又不拘泥于传统。骆玉笙跟着师父,不但学到了京韵大鼓的精髓,更主要的是学到了怎样为人处世。1936 年的夏天,在师父韩永禄的鼓励和帮助下,她来到天津。据说她在法租界教堂后的明德堡 2 号定居,从那刻起她就成了天津人。在中原的游艺场也就是如今的百货大楼三楼,她的一曲《击鼓骂曹》赢得了天津观众的认可。她选择唱的这段《击鼓骂曹》是她的绝活,既有京剧二黄的东西,也有京韵大鼓本身的特色,只有她才能驾驭。之后,骆玉笙在小梨园演出跃上了头牌,天津观众给了她金嗓歌王的美称。小梨园也迅速有了影响,骆玉笙在小梨园的演出场场爆满。天津观众赏识骆玉笙,骆玉笙也能感觉到天津观众对她的热情。每一个艺术大师都有自己的气场所在城市,梅兰芳自然是上海,马连良喜欢北京,方荣翔是山东济南,骆玉笙就是天津。这个气场渲染和造就着艺术大师,骆玉笙得以在天津这个北方曲艺重镇中发展。她觉得自己就是一只风筝,不论怎么飞,飞到哪,最后都要回到天津观众的心里。

其实,骆玉笙所喜欢的城市不仅是天津,还有她的成长地南京,那是改变她人生命运的一座城市,秦淮河两岸的丝竹之声常常萦绕在她的耳际。另一个就是湖北的武汉。1949年以后她曾两次随团到武汉的汉口演出,旧地重游,感慨万千。她喜欢武汉,在武汉也得到过观众由衷的掌声。骆玉笙曾经说:我很想在有生之年重返汉口旧地,为曾经的父老乡亲唱上一曲,以谢他们对我的养育之恩。另一个对骆玉笙十分欣赏的城市就是北京,北京也是骆玉笙心底的一个心结。在20世纪80年代初,骆玉笙到北京的长安剧场演出,观众听说后排长队买票,座位爆满。骆玉笙演唱完《剑阁闻铃》居然悄然无声,给她伴奏的王立扬有些心颤,这还是从来没有的。在几秒钟的沉寂后突然掌声雷动,喝彩声不绝于耳,那是一场钟子期与俞伯牙之间的感情交流。尽管如此,骆玉笙还是钟情于天津,这里有她割舍不掉的感情。

天津尽管是她的福地,但在这里骆玉笙也经历了风风雨雨,坎坎坷坷。但骆玉笙对天津就是不离不弃,因为这里有她的家庭,她的全部生活,她的人生大舞台。骆玉笙在天津成名后,各个园子都争着邀请她。最多的时候一天竟赶三家园子,一连唱了七段,但骆玉笙的金嗓子越唱越亮,底气越来越足。中华人民共和国成立前夕为糊口,骆玉笙在天津组团到上海的高士满演出,不但没赚钱,还把自己多年积蓄赔光了。后又临时组织一些人到南京金谷茶社演出,当时,市面惨淡,人心惶惶,观众没什么心思看演出。一些来自天津的老乡却常常捧场,然后到处口传,骆玉笙在低谷中感觉到天津观众对她的那份牵挂。

1954年1月31日，骆玉笙与时任天津曲艺工作团团长的赵魁英结婚。赵魁英对骆玉笙来说，在艺术上是指引，在生活上是伴侣，在思想上是引导者。我有幸和赵魁英见过几次面，听他讲述艺术就是一种享受。骆玉笙怎么唱，唱什么，能有什么创新，每一个环节都体现着赵魁英的心思。赵魁英听骆玉笙的演唱也是如醉如痴，不能自持。骆玉笙舍不得天津，其实也离不开赵魁英的呵护。1980年初，赵魁英因脑溢血抢救不及而不幸去世。患病期间，为了不影响骆玉笙在外地演出，一直将病情瞒着骆玉笙。赵魁英去世后，许多人劝骆玉笙再婚，都被她一口回绝。1992年，骆玉笙唯一的儿子不幸去世，老来丧子，那种切肤之痛只有她自己知道。已近八旬的她，在感情上更加依恋孙女骆巍巍。家庭亲人就像一颗藤缠树，使得骆玉笙在天津越扎越深。当然，还有另一个重要原因，那就是两代人的伴奏者。老一辈的钟吉瑞和刘文有、李默生，以及后来的王立扬、韩宝利、张子修、张玉恒。这是她的伴奏，也是她的合作者，更是她离不开的艺术知音。骆玉笙去世后，张子修就不再上台操琴。这点儿倒真成了俞伯牙了。

扛起骆派大旗的刘春爱

　　京韵大鼓在天津有几十年的发展和传承，涌现出了多个流派，刘派、白派、少白派、张派、骆派，真可谓流派纷呈，姹紫嫣红。但这么多的流派，恰恰骆派被评为国家级非物质文化遗产，而曾经的京韵大鼓强势刘派却没能上榜。此外，深受观众喜爱的白派也还没有被评为非遗项目。当然，骆玉笙老先生的功劳无限，这个应该感谢她，是她把京韵大鼓推向了一个高峰，而且让更多的人领略到京韵大鼓的艺术魅力。可惜，骆派的京韵大鼓在评选国家级非物质文化遗产传承人方面是个严重的空缺。我衷心希望陆倚琴、刘春爱能成为骆派京韵大鼓的国家级传承人，这将为骆派艺术的传承和发展起到一个至关重要的作用，有了领衔人，就有了接班人，比如冯欣蕊等。有人扛起了大旗，就会有更多的人跟随，是一个特别令人高兴的事情，说明骆派在天津的深入影响。

　　很多业内人讲，现在是天津鼓曲发展的春天，我赞同。但是在春天中也有一些寒冷，鼓曲的衰落已经看到了冰山一角。我觉得陆倚琴年岁已高，那么刘春爱身上的担子就重了；老一代艺术家相继故去，后辈人还有不自信或者其他很多原因，我们的鼓曲有被相声边缘化的倾向，这是一个不争的事实。新的作品没有，优秀的传统作品又跟不上，挖掘整理几乎没人去做，这是一个很重要的问题。现在是"剑阁闻铃铃声不断，子期听琴琴声不停"。就是说骆派京韵大鼓的舞台上，除了陆倚琴和刘春爱以及后起之秀冯欣蕊等少数人以外，更多的业余演唱者大都在演唱《丑末寅初》《剑阁闻铃》《子期听琴》等大家十分熟悉的段子。除了这几个段子就没有别的了，翻来覆去，骆玉笙老师这么多段子有没有可能重新整理，再度登台呢？

著名曲艺作家朱学颖曾经创作了《白妞说书》，经陆倚琴在舞台上演唱后风靡一时。这个段子的文本很有文学性，处理的唱词也很别致，有情有景，有人物有故事，是个难得的精品。我认为《白妞说书》是新时期京韵大鼓新作中的一个特别优秀的段子，目前就空寂在舞台上甚为可惜。举一反三，骆玉笙一生中演唱了很多经典段子，她在晚年还致力于新作的演唱，从来没有满足。现在骆派京韵大鼓很多的经典作品没有人唱，当然也没有人想唱，眼睁睁看着这一批经典作品消失，这是特别可悲的。

传统的经典段子没人唱，新作品更是无人问津。朱学颖等一批创作老前辈都已经八十多岁，再提笔就很困难，思路也不会像以前那么敏锐和睿智。现在还有年轻人从事写作，比如市曲艺团的杨好婕，我就很看好她。今年我们天津选中的全国"群星奖"作品，就是张玉恒谱曲，杨玉婕创作的《总理与病童》，是由业余骆派演员李光荣唱的，在广东深圳比赛现场登台就获得满堂彩。但我希望不能只靠业余演员出声音，专业的骆派演员要能演唱新作品，比如冯欣蕊。但是现在方方面面的顾忌多，就怕演唱新作品效果会不好，观众不喜欢，受累不讨好。我想，我们不能要求刘春爱一唱就是精品，一唱就得大红大紫。每一个成功的作品都有一个酝酿成熟的过程，新作品不是刘春爱和冯欣蕊一两个人能扛得起来的，需要有一批演员尝试着去做，当然前提是得有新作品。北京文联与北京曲协给刘春爱成立了一个刘春爱的骆派研究会，天津这方面反应比较迟缓，研究骆派、发展骆派是天津必须完成的任务。骆玉笙大师的去世，应该是京韵大鼓在近代史上一个很大的损失。刘宝全代表第一代，那么骆玉笙代表第二代，现在我们已经到了京韵大鼓无大师的时代。陆倚琴、刘春爱和冯欣蕊与骆玉笙差距还比较大，她们还都处于模仿大师的阶段，难以有自己的作品问世，这也是制约着京韵大鼓发展的瓶颈。

另外，让我很担忧的是前不久看到一个十几岁的孩子唱《丑末寅初》，让我感到骆派的传承出现了问题。听孩子演唱的节奏和腔调，都是骆玉笙晚年唱的节奏和情绪。我们现在所唱的京韵大鼓全部出现这个问题，走入了极大的误区。骆玉笙晚年受岁数的限制，只能把节奏放慢，让嗓子尽量舒服些。或者说，记忆力的衰减，唱起来就不能驾轻就熟，游刃有余。但现在孩子们这么演唱，认为这就是骆派京韵大鼓的节奏，这就是骆派京韵大鼓的精髓。我们要是再不清源，再不引出正路，就是误人子弟。听听骆玉笙20世纪60年代录制电影时唱的《丑末寅初》，她的激昂，她的豪放，她的节奏，是那么富有表现力。现在的孩子都唱成她80岁时的感觉，一种苍凉感油然而生。真心希望陆倚琴、刘春爱等人能扛起骆派发展的大旗，把真正的骆派传承下去，让年轻的观众看到骆派的艺术真谛。

对董湘昆大师的一次原创献礼

　　对董湘昆大师的祭奠在天津就一直没有停止过，因为他对京东大鼓的贡献太巨大了。由天津津南区政府和天津文广局发起的"董湘昆杯"全国京东大鼓原创评比就是一个很好的例证，原创就是一次最好的祭奠，也是对大师的献礼。主办者精心编辑了原创集子，收集了来自全国各地创作者的几十件新作品。等候多年的京东大鼓原创作品集在津南这块文化的风水宝地诞生了，我想，这本原创作品集的出版就是一个曲艺文学的盛典，充分反映了京东大鼓成为全国"非遗"项目后的一种飞跃和发展。举办这次活动势必对宣传京东大鼓产生影响，对传承和发展董湘昆的艺术是一次推动。同时也打造着津南区新的公共文化活动品牌，对"非遗"工作也是深入的延伸。它不单单是一项京东大鼓的创作行为，而会成为今后公共文化服务的一种主要形式。为基层服务，为社会服务，为繁荣创作服务。

　　翻阅这些原创作品，会觉得接地气，有生活，有手法，有创新。这本集子记录着创作者们的艺术发现，记录着他们挖掘素材的新

视角和新构图。相信看完这本集子，会深切地感受日新月异的经济
变化和文化建设，以及扑面而来的清新之风。在这本原创集子里，
表达了众多作者对艺术的追求和对家乡的热爱，以及对不良风气
的鞭挞。这些作品的叙述语言很亲切，创作手法也没有任何的矫揉
造作，唱的大众话，写的生活情。它真实地摆在大家面前，他们用笔
挥毫所表现出来的那些人物，那些潇洒和自如，可亲可敬。刘景洲
的《改名》内涵丰富，通俗易懂，富有教育意义。杜来的《警钟长鸣》
关注社会，以史为鉴，是一篇难得的正能量作品。

　　策划者和编辑者为了这次原创评比，在短短的几个月里历经
艰辛寻找作者，搜寻好的作品。他们为了一个好作品会奔波千里和
作者会面，后期也是精心修改每一个标点符号。京东大鼓的演唱在
董湘昆大师的带领下，在全国产生了很大影响。特别是那一段脍炙
人口的《送女上大学》做到了家喻户晓，好像谁都能哼哼出其中几
句。但董湘昆大师去世后，产生新的作品就受到了一定影响。这个
原创评比就是要把旗帜扛下来，把好的原创作品唱起来。要生动鲜
明地展示每个人对理想和事业的美好追求，反映生活中的情趣与
奋斗创新的精神。

　　我真心希望，能通过这个京东大鼓的原创评比，搭建一个更广
阔的平台，创作出一批精品，无愧于这个伟大的时代。我渴望能把
这个活动延续下来，期待着佳作接踵而来。时代需要好作品，京东
大鼓更需要好作品。最后希望能看到更新的作者，更年轻的作者，
当然我也总能看到老朋友。

永远都想听的王毓宝

曲艺就是一种必须要有挂帅人物才能产生影响的艺术，比如京韵大鼓中的刘宝全，那时他就是挂帅人物，后来白云鹏等人不管怎么努力，甚至想改变京韵大鼓的某种唱法，但最后是刘宝全成全了京韵大鼓。后来的骆玉笙超越了刘宝全，把京韵大鼓推向了一个顶峰，这里的创作、伴奏、旋律都产生了变革，更主要的是骆玉笙得天独厚的嗓音，使得后人无法效仿。骆玉笙去世了，尽管后人在追赶，但始终无法超越她的高度。北京琴书的关学曾更是典型的代表，很多人知道北京琴书是从关学曾开始的。我从小就听关学曾的北京琴书，那时我家吃饭大都是喝山芋粥，一边喝粥一边听他的北京琴书。后来，我一吃山芋粥就想起关学曾。我有次说给关学曾听，他哈哈大笑。关学曾的琴书被张艺谋有意渲染了，放在电影音乐里。于是关学曾与骆玉笙都沾了影视的光，大街小巷都能听到这两位大师的声音。关学曾去世了，他的徒弟青黄不接，现在北京琴书成了被抢救曲种，因为没人能再攀上他这个高峰了。

　　说起天津时调，只要能唱出来的人或者听说过这个词汇的人，就知道有个王毓宝。王毓宝与关学曾相似，一个因她而创立了一个曲种的演员、一个因她而提升了一个曲种地位的演员、一个因她而使一个曲种发扬光大的演员。据考证，天津时调是1949年以后命名的，命名时候的演唱代表人物就是王毓宝，她的名字和这个曲种紧紧地联系在一起。她的唱段脍炙人口，几乎风靡了半个中国，历经数十年而久唱不衰。她本人也是一个大直辖市仅有的三个优秀传承人之一。她是在中国北方曲艺之乡的天津继骆玉笙、马三立之后的第三位金唱片奖获得者。她又是第一个获得中国曲艺最高奖——牡丹奖终身成就奖的老艺术家。她为天津争得了太多的荣誉和光环，也以自己的实力为享有北方曲艺之乡美誉的天津添上了重重一笔色彩。

　　有人评价，能和骆玉笙嗓音媲美的是王毓宝。王毓宝是地道的天津人，她自幼随父亲王振清学唱，先后学过京韵大鼓、靠山调等。她7岁即随父走票，一登台她的嗓音就震动了舞台，她的嗓音宽和亮，这个本事不少演员都具备，关键是她在宽和亮的基础上能圆润和甜美，高音不抖，低音不哑。她唱了这么多年，很少见过她嗓子倒的时候，或者高音上不去，低音下不来。王毓宝这么大岁数，上台唱起来还是那么高亢挺拔，冲劲十足。说起来原因有三点，第一是王毓宝的基功十分扎实，导致她的吐字清晰，第二是她的台风清新，唱天津时调不俗不媚，丝毫没有旧社会里的妖娆气，张嘴就是一口浓厚的天津地方大调。第三就是艺术的天赋，所有大师级的曲艺家都不能离开这个。王毓宝的艺术天赋极高，她能把一个平庸的东西升华，然后融合进自己的优势，就有了天津时调的味道。

　　在王毓宝之前，天津时调的前身靠山调和鸳鸯调已经深得观众的喜爱,代表曲目也不少,比如《七月七》《喜荣归》《青楼悲秋》《大五更》等。这时的代表人物是高五姑和秦翠红,她们是当时最负盛名的唱手。高五姑的唱腔丰满,吐字响亮,韵味盎然;秦翠红则以杰出的天赋与高超的润腔技巧,将靠山调演唱推上了一个高峰。王毓宝开始崭露头角后,使这些传统的老段子焕发了新意,更加走红。在旋律与节奏上,她以起伏有致取代了平直、单调,她用宽广的音域打动了观众,以她的气力充沛,吐字有力征服了舞台。后来,王毓宝把浓重的天津味儿糅进了这个曲种,使得天津时调更加粗犷豪放,颇具阳刚之美。当时她演唱的《踢毽》《放风筝》《摔西瓜》等,尤其是经过著名曲艺家王焚改编的《摔西瓜》,王毓宝把常见的衬腔做了演变,"哎哎呦"没有了矫揉造作,而是明快欢愉,清脆俏丽,她那抒情女高音的美妙歌喉给人留下深刻印象。

王毓宝把天津时调带进一个时代,是她对新作品的青睐。没有完全依靠传统段子,而是不断地寻找新作品。王毓宝在 1953 年加入天津广播曲艺团,五年后,她以新作品《翻江倒海》参加全国第一届曲艺汇演,取得轰动性效应,并把天津时调这一地方小曲种推向全国,成为脍炙人口的大曲种。这个段子,虽然是靠山调,唱腔上没有太大的变化,但根据内容的需要将结尾处的音区提高了八度,一扫靠山调过去的凄凉和低沉,显得很宽亮和欢快,给了观众一个惊喜。就是这么一个提高八度,把天津时调的结尾改变了,昂扬了,明亮了,喜庆了,也极大地烘托了气氛。从《翻江倒海》起天津时调的尾音就有了新的定式。

王毓宝成为大师级的演员,这么多年来与合作人是分不开的。比如当时她的弦师祁凤鸣,还有王文川以及熟悉鼓曲音律的姚惜云老先生。我有幸接触过姚惜云先生,他家住在承德道附近。他对曲艺的贡献是对文本的润色,王凤山的《百山图》就出自他的笔下。他对中国历史文学的熟悉,对曲艺的钟爱,都给王毓宝的演唱文本注入了新鲜力量。当然,还有后来的王焚、王济、王允平、毛家华等一批著名作家。

王毓宝与这些曲艺精英们一起研究,在传统靠山调的曲调基础上,调整了一些唱腔和节奏,以加快间奏速度,摆脱传统衬腔那种缓慢、懒散、伤感的情调,使天津时调接近民歌,更加上口,能流传开来。在伴奏上也增加了扬琴、琵琶、笙、低音胡,再加上原有的三弦、四胡共七件乐器,把天津时调的唱腔衬托得更为饱满,更有民歌性、歌唱性以及合理性。他们大胆地借鉴歌曲、戏曲及其他鼓曲的唱腔,使旋律更加华美、繁复、完善,尤其是疙瘩腔的活用活使,更是变化多样、千姿百态。为了净化舞台,王毓宝等人还放弃了场面桌,使得舞台更加简洁和生动。

从20世纪50年代开始至80年代,王毓宝演唱的新曲目有《毛主席来到咱农庄》《看焰火》《换岗哨》《红岩颂》《军民鱼水情》《大寨步步高》《心中的赞歌向阳飞》等。在这里尤其应该强调的是《军民鱼水情》和《毛主席来到咱农庄》,这两个段子曾经广泛流传,都具有文学性和音乐性。《军民鱼水情》新颖而别致,既遵循了过去的模式,又注意了节奏的起伏变化,叙事中抒情,抒情中铺陈,说中有唱,唱中有说。人辰韵运用得极为合适,俏而巧,脆而甜,仔细听起来把老式的怯五更和鸳鸯调都设计进去了,而且让人耳目一新。而《毛主席来到咱农庄》的靠山调更是运用到了极致,从过门到正腔,都借鉴了那首民歌,紧缩了一字多腔、节奏缓慢的慢板,数子和唱腔都有了旋律性,突破了过去的程式化。《毛主席来到咱农庄》在前,《军民鱼水情》在后,我觉得前者给后者带来了扎实的基础,也给王毓宝式的天津时调发展增添了新意。

到了20世纪七八十年代,《心中的赞歌向阳飞》和后来的《梦回神州》等引起了新一轮的高潮,歌唱性更加突出,旋律也上口,唱词写得也更为优美,富有诗意。从王毓宝演唱的这些段子看,小辙窄辙很多,比如《军民鱼水情》用的人辰辙,《心中的赞歌向阳飞》用的是灰堆辙,唱出来都很别致。如《心中的赞歌向阳飞》里的几句:"寒冬深夜天漆黑,忽听门外有人催,叫起来歌手李春梅,坐上汽车快如飞。"窄辙唱起来需要功底,唱不好音就散了,必须紧着唱,唱出来清晰而脆响。这点王毓宝都发挥得淋漓尽致,坐多远都能品味到她的声音。

王毓宝从20世纪70年代开始逐步走向高潮,并且能坚持到现在的精彩收官实属不容易。她在演出之余还孜孜不倦地从事教学工作。正式拜她为师的除高辉、刘迎、刘渤扬、陈淑萍外,还有美国华盛顿大学民族学博士候选人白卓诗女士等。可惜的是天津时调的继承人还不是太多,高辉更应该多登台献技,而后面的刘迎虽然嗓音甜润,但韵味儿总觉得差点儿火候。这几年业余演员梁淑华登台演唱不同反响,高腔挺拔,落地有声。但总体上讲,天津时调的接班人还应迎头赶上。还得多给她们机会,多给她们创作精品,多去宣传她们。而令我担心的是天津时调的音乐改革止步不前,这需要一批献身于曲艺音乐事业的有志者。擅长天津时调音乐设计的祁凤鸣、马涤尘和毛家华都已经先后故去,他们都为王毓宝的唱腔立了汗马功劳。眼下能为天津时调音乐改革树大旗的还为数不多,需要有人站出来。

今年84岁高龄的王毓宝从艺已经整整77周年,所以我们有理由说,王毓宝已是国宝级艺术家,是我们天津民族文化不可多得的宝贵财富。她不仅属于我们天津,而且也属于我们的民族。

河南坠子和曹元珠

河南坠子能在天津舞台走红，真是一个值得思索的问题，除了天津是曲艺大码头这个因素以外，就是河南坠子皇后乔清秀。天津有十几个曲种，都能融合在一个表现空间，互助互利。乔清秀把河南坠子推到了一个极致，到了天津就开始引起观众的好评。我和河南坠子表演艺术家曹元珠老师相识很早，当时曹老师正值中年，在表演艺术上正是最成熟期。她为人朴实无华，精力旺盛，十分热心。那时有一批学员跟着她学，她不但做示范，更多的是讲段子的主题思想和表达内容，讲为什么要这么演唱，为什么要变换情绪，为什么要用高腔去表现，甚至为什么要做这个动作。后来，曹老师在中国北方曲艺学校任教，带了张楷和李玉萍等一批学员，现在她们都成了曲坛名角。

我很喜欢河南坠子，这个曲种音乐性很强，唱腔有旋律，充满了生活气息。而对河南坠子的这种印象来自曹老师。她出身贫寒，继承了乔清秀的演唱风格，也大胆糅合了自己的理解。我曾经写过一段河南坠子《赶集》，纯粹照猫画虎。曹老师拿到以后给我谱曲，讲河南坠子的曲调。她为我的作品谱完曲子就唱给我听，告诉我为什么要这样处理。听她谱的曲子很新鲜，既有传统的基调，更有独到的变化。我很佩服曹老师接受新事物的敏感性，她从来不固执地坚持什么，随时听取别人的意见丰富自己。后来，我知道河南坠子能赢得天津观众喜爱是它丰富的旋律变化，能欢喜，也能悲伤，能高亢，也能低沉。河南坠子能唱《偷石榴》这样生活情趣很强的段子，也能唱《黛玉悲秋》这样的经典曲目。

说了曹元珠老师还要说现在的很有影响的张楷。曹老师很喜欢徒弟张楷，把她当成亲闺女看待，认真地教她，从演唱到如何做人。我曾经给张楷创作过一个段子，张楷设计完唱腔后兴冲冲找到我给我演唱，她的演唱方式继承了曹元珠的演唱方法。她从段子的人物性格出发，而不是简单地谱顺畅就行了。在老师这种期待中，张楷怎么能怠慢，就用加倍地认真演唱来报恩。有人说张楷生活做事认真，在台上表演也认真，从来不马虎，每次登台演出丁是丁卯是卯。我听过她演唱《宝玉哭黛玉》，每次都看见她流泪。我不太理解，劝她要懂得节制。张楷则不以为然，她说，老师说了，上台就是要投入，投入了眼泪自然就掉下来。一晃十几年过去，我有次听了张楷的演唱后对她说，你老师在你身上又发展了，你应该在你老师的基础上再发展。

欣慰的是天津把河南坠子列入市级"非遗"项目，对其发展有了促进作用。

牡丹花开别样红

——河南坠子演员张楷

认识河南坠子演员张楷有二十多年了，第一次见面是我在北方曲艺学校教课时。后来，张楷被分配到了天津曲艺团，很快在曲坛崭露头角。我几乎是看着她在舞台上成长起来的，到了现在俨然是一位著名的河南坠子演员。张楷是曹元珠老师的弟子，而且是得意门生。曹元珠为人朴实无华，精力旺盛，辅导张楷很有耐心。曹元珠辅导张楷以及另外几个徒弟从来都风雨无阻，十分准时，没有一次是学生等老师，有时候甚至是老师等学生。我曾经和曹元珠几次聊起张楷，从她脸上可以看出她对张楷是那么喜欢，脸上总是浮现出一种骄傲的微笑，那微笑发自内心。

记不清哪年的秋季，张楷找到我，希望把《宝玉哭黛玉》最后那部分增加一些，觉得老段子里缺少高潮，总觉得还差那么一丁点儿。我就帮她琢磨，后来我即兴创作了几句，张楷就顺势谱曲。没多久，我听别人说张楷在舞台上演唱了新增加的《宝玉哭黛玉》，我很吃惊，因为那么一段熟悉的作品，观众已经听熟了，她还敢增加，真是一种胆量。问起她，她说得到了老师的支持，老师支持了，就踏实多了。作为老一辈河南坠子艺术家，曹元珠就是这么旗帜鲜明地支持徒弟创新。我也很羡慕张楷，她和曹元珠的关系既是师徒，又如同母女。曹元珠对张楷下了很大的功夫，真是手把手地教。我曾经注意过，曹老师教张楷时，眼睛一直专注盯着张楷的表情，从来没有流露过不耐烦的情绪。眼神里都是鼓励，充满了信任。

张楷毕业于北方曲艺学校，那届毕业生业务水平高，可惜就是文化基础不牢。记得我给他们上创作课时，底下经常是乱哄哄的。我跟张楷说过，要想业务上能够出类拔萃，关键不是技巧，重要的是文化的积累。我本以为说不动她。可没想到张楷比我清楚，在文化部的中国戏曲学院曲艺系大专毕业后，又主动上了研究生班。学习使得她的眼界更加开阔，文化知识的积累在增加，对艺术的理解比以前有了显著提高。以前跟她说起文化上的事情，她只是听，现在不但听，还要跟你讨论。确实这样，以前看她的表演就是傻唱。后来，不知不觉发现张楷的演唱有了人物，比如我看她在中央电视台上演唱的《偷石榴》，觉得她唱出了自己的风格。她的演唱融入了文化，几个人物很丰满，有了区别，语言有了背景。2004年，我给她和赵恒创作了一个小品《背人》。这是我比较得意的一个作品，其实也是为张楷量身定做的。张楷演一个从农村来的小姑娘，心地善良，快言快语，文化不高，但心眼很活泛。我给张楷讲这个人物的小传，讲我对这个人物的理解。我没想到，张楷的处理跟我不一样，她有她的演出原则，就是按照自己的理解去表演，很松弛，也很生动，都是别人意想不到的方法，但却得到了出人预料的效果。结果她和赵恒带着这个《背人》去参加由文化部主办的全国戏剧小品比赛，她获得了最佳表演奖。张楷扮演的从农村来的小姑娘不止这一个，我给她写过系列喜剧小品《长途汽车站》。她在里面演一个侉姐,生动活泼,一个包袱接一个包袱,笑翻了观众。后来我对她说,你需要变化,不能总扮演一种角色,必须要颠覆自己。终于找到了机会,我担负了电视情景喜剧《一个姑爷半个儿》的创作任务,她在其中扮演了主要人物大姐爱华,刻画了一位天津大姐可爱热辣幽默的性格,获得了观众们的喜爱。这个角色的转变,是张楷自己抓到的。张楷表演放得开,又收得拢。看她在《一个姑爷半个儿》里的表演,就觉得她有生活,没感觉有摄像机对准她,好像就是日常的生活。不做作,不矫情。我发现她在掌握语言节奏上很有一套,什么时候慢,什么时候快,在什么地方需要嚷起来,在什么地方又要静下来,都拿捏得很有火候。其实她是知道观众心里头那个节奏,就是什么时候痒痒了需要挠一挠。

张楷是有爱心的,谁求她办事,她都主动去帮助。我赞成她这点,我觉得演员就应该这样,平常有爱心,在台上才能表现出真情。非典期间,曲艺团排练一批反映抗击"非典"的作品,张楷积极参与。在《携手同行》的晚会上,她表演了新创作的段子,得到了观众和专家的好评。印度洋海啸灾难后,在中国红十字协会和中国曲艺家协会的主办下,张楷和来自全国的许多著名相声演员一起进行了大型义演活动,题为《笑星大义演,共同献爱心》。她觉得为灾区献上一份爱心,也等于让自己的心灵得到一次升华。所以我哪次找她演出,都说你必须去,这是你对我们群众文化的支持。每次她都没有怨言地去,可我心里过意不去,知道给她的出场费太低了,毕竟张楷也是有知名度的演员了。可每次我说群众文化没有多少钱,你权当是做公益奉献了。我也很狡猾,我总对她说,你等着,我们会有一次费用比较充裕的时候,到那时我一定给你补点儿。我说完,她朝我一笑,其实她心里很清楚,我总是不大充裕。所以张楷的人缘很好,这个人缘就来自于她的爱心、她的善良、她的无私。

张楷没有大演员的架子,对谁都是乐呵呵的。她获得过全国中青年德艺双馨艺术家的称号,又摘得过中国曲艺的牡丹金奖,这也是最高的奖励。我看她很少把这些荣誉当成包袱背着,天天大大咧咧的。张楷在电影《别拿自己不当干部》里与著名演员冯巩合作,饰演一个敢说敢做的女工大魏,风风火火,性格鲜明,活灵活现,这部电影荣获了第十二届华表奖的优秀影片奖。我有次带张楷参加一个演出,有人认出她,张楷很不以为然。我对她说,你这么坦然,说明你还会有进步。张楷说,我从来就是一个普通人。那年,天津曲艺团排演了相声剧《杨乃武与小白菜》,张楷饰演主要角色小白菜。我看她很用功,充分运用曲艺表演和戏剧的夸张,把一个受到冤屈而又敢伸张正义的小白菜处理得有声有色,泼辣可爱,向往着爱情,但又表现出某种对强势力的胆怯。夸张而不失真,细腻而不小气,节奏掌握得不温不火,人物体现得形象而鲜明。在扮演这个角色时,张楷把天津时调、评剧和河南坠子都运用进来,几种表现形式发挥得游刃有余,而且互相补充,获得了满堂彩。她得意地对我说,能在一部戏里演唱这么多曲种也是很惬意的事情,最关键是丰富了自己的表演路数,把相声表演和戏剧舞台表演融合在一起,能在人物里体味出来。说着说着,她也很感慨,真正做到诙谐而夸张、真实和荒诞太不容易了。

张楷就是一个不满足的人,总想尝试变化自己。前不久,我和红桥区文化局准备举办新相声大赛。在一次闲聊中,她兴致勃勃地说,我也要说相声,男女相声。其实,张楷和赵恒曾经说过相声《婚姻男女》,在全国相声比赛中获得表演二等奖。她表演的相声有着不俗不贫不媚的清新台风。我对她开玩笑说,你什么都尝试过了,电视剧,电影,小品,相声,就差演话剧了。结果我说中了,很快她就演了我和赵宇合作的话剧《给你点颜色看看》。

2009 年,张楷在中国大戏院举行了个人专场,其中除了她拿手的河南坠子以外,还有戏剧小品、河北梆子、京剧、天津时调,可以说五花八门。每样都很有味道,观众都报以热烈的掌声。她就是这么有天赋,我说她天生就是一个好演员!

从马三立住小旅馆说起

记得有次和著名相声演员马志明聊天，说起他父亲的一段往事，说他小时候跟着父母住小旅馆，就是一间房子半间炕。那时全家就挤在一张床上，贫困交加。一家子全靠父亲演出生活。但那时候也有相声同行过来凑日子，父亲就接济一点儿。马志明说的情况跟我的想象大相径庭，我以为那时凭借马三立的名声他们的生活会很富裕。有机会跟现在的年轻相声演员接触，他们大部分都有固定工资和收入。有的民营团还给他们上了保险，衣食无忧。人在贫困的时候，或者说必须要靠演出挣钱养活一家子的时候，一定会特别珍惜舞台上的玩意儿。说好了有钱，说不好就没钱。马三立那时就已经声名鹊起，但因为养活一家子还得借住小旅馆，花一文钱都得琢磨。现在听相声，平心而论，好的不算多，一般的不少。有意思的不多，浅白的不少。这说明相声表面在繁荣，实际上在慢慢退化。关键就是继承出了问题，这个问题就是继承不继承不是生存的关键。我听到有的相声演员私下聊天，觉得传统不传统的不重要，你能说多少传统段子也不是挣钱的前提，关键是你上台能不能把观众逗乐了,这是成败之所在。也有人说台上十分钟,台下十年功,未必是这样的。说某某大师的孙子也就十几岁,上去就把观众逗乐了,那就是天赋。我听完这话真觉可怕,说相声需要基本功,我承认有天赋,但天赋不等于就不要基本功了,这是两码事。有的学唱评剧,听完不是评剧。有的说贯口,快倒是快了,可所有节奏都不对。我那天听了马志明唱的白派京韵大鼓《探晴雯》,真是地道,韵味十足。马三立说的《夸住宅》,贯口就像是聊天,一点也不卖弄,但听起来朗朗上口,句句敲心。

　　相声应该有情节,或者说有故事在里边。优秀传统相声讲故事很突出,比如相声大师张寿臣的《小神仙》,侯宝林的《夜行记》,刘宝瑞的《君臣斗》。有故事,也有人物,这就是传统相声结构的两大优势。现在一些相声段子都是小段集锦,或者短信堆积,没人物,没故事,没有垫话入活,也没有高潮,当然更少底了。听优秀的传统相声,当场笑完了,转天想起来还想笑,这包袱就是一响到底。最近得知北京的相声小剧场在萎缩,有人说天津的相声小剧场如日中天。我倒是想泼点冷水,要居安思危。天津的相声要发展,首先要继承传统,然后就是创作。不少相声创作跟不上时代,远离社会。为了迎合所谓的观众,朝纯粹的娱乐化和商业化发展。相声在适应时代发展的过程中,没有处理好继承与创新之间的辩证关系,表演超越了创作。我听老相声演员刘文步说过,前辈给他留下的好段子让他说了一辈子。我听过他说的那个压箱子底的好段子,确实故事新奇,包袱脆响。相声老艺人很多都是德艺双馨的,凭的还是吃张口饭的本事绝活。现在中青年相声演员还需要牢固的传统基础,没有这个基础是说不好相声的,没有任何传统基础创作的新相声也会逐渐变味、变种。

马季给相声带来的一种文化

马季在马三立、侯宝林等相声大师相继去世后,一度成为全国相声界新的领军人。尽管有不同的看法,但基本被圈内和圈外认可。他2006年突然去世后,立刻给全国相声界带来一种冲击,同时更多的是带来深层次的思考。那就是相声今后怎么发展,马季那种创新相声的表演风格如何继承,创作相声的文化元素如何增补,趋同化的表演如何有所突破。他说了五十年的相声,创作新相声是他的一个标志特点,应该是中国当代新相声创作的一代宗师。马季一生在求新,即便是表演传统相声段子,也有他自己的变化,融入的风格。他创作新相声的兴旺期长达三十余年。他的新相声具有鲜明的时代性和社会性。他一生大约创作了三百多段相声,所以有专家认为,这其中大概有十分之一经过时间的检验,成为几代中国人的共同记忆。综上所述,我认为马季给相声带来的不仅是一种风格和特征,也给相声带来一种新的文化。

北京和天津的相声名家众多,我接触的也不少,但印象深刻的之一是马季。马季说的相声总是给你带来一种新的观点和方法，而且节奏也是不疾不徐，充满了幽默睿智。而且他的作品大部分都取材于生活，十分接地气，深受老百姓的喜爱。他早年拜师著名相声大师侯宝林，也得益于刘宝瑞、郭启儒、郭全宝等老师的培养，尤其是刘宝瑞对他的细心栽培。这样就使他的表演风格多变，跟老师不完全相同，但继承了老师的思想和表演精粹，又有自己的沉稳和智慧。现在的年轻相声演员风格大体相近，题材过于狭窄，表演的手法单调，格调陈旧。其实还有一个根本的症结，是我们回避或者不愿意提到的，那就是相声演员表演的方式越发趋同，看一个演员的表现就能看出一群演员的风格。而在相声界名望很高的马季先生，却在趋同的表演风格里独树一帜。这得益于他对相声的理解和对传统的继承，也得益于他能吸收几位相声大师的表演风格，容纳在自己身上。他的创新之处就在于，跟老师学，学到的不是堆砌，而是形成自己。马季成名很早，就说明他的创新意识介入得早，当然，侯宝林和刘宝瑞等先生对他的教诲，就是你要和我们不一样，这一点马季深深地记住了。

观众十分喜欢听马季的相声，就是他那种不温不火的娓娓道来，就是那么用小火炖着，慢慢把味道全都浸透在浓浓的汤里边。观众随之也静下心来，沉浸在他所设置的氛围里，享受相声那原有的魅力。他用一根绳子拴住了观众，包袱就在这根绳子的抖动上，一抖就响了，而且很脆。

传统段子《论捧逗》，很多人说过，但马季和赵世忠的《论捧逗》就有特色，在传统中找出自己的语言风格和包袱处理，加以发挥和夸张。马季找的点都很准，或者说都是老百姓经历过的但很少提炼过的。再比如脍炙人口的《打电话》，极力的夸张，但是所有的夸张都在真实中产生,在高潮中诞生了经典段子。他的《宇宙牌香烟》就是在真实的生活推销中找到相声能够发挥出来的重合点,找到夸张和讽刺的切入点,然后在观众中求得共鸣。《训徒》《百吹图》《传谣》《新地理图》《拔牙》等享誉曲坛,成为当代相声艺术的经典之作,都是马季从生活中寻找出来的,然后塑造人物,再从人物中寻找包袱点,而不是现在一味地找包袱,丢掉人物的本体。马季的观点是包袱是为人物服务的,是为故事需要服务的。他的包袱设计具有传统的铺平垫稳的特征,又不完全拘泥,不刻意设计包袱,一切都是为了需要。这个手法是传统的,但处理和布局是新颖的,关键是马季给这个传统做法赋予了新的手段,这其实是很难的,但马季做到了。

当然,马季说的相声文本不是他一手创作,但却是他精心再创作的。即便是传统的经典段子,到了他手里也会加工提炼,把自己擅长的那部分融合进去。最后这些经典段子都染上了他的颜色,这种颜色就是他的表演风格。

在相声圈里有说新相声和旧相声之分,比如马季的弟子姜昆和冯巩就一直说新相声,很少见他们说传统相声。马季是介乎两者之间,新相声是主体,但传统的相声也说。马季早期传统相声说得多,晚期就说得少。马季说过的相声达三百多段,每段他都得揣摩研究,包袱在哪响,人物刻画怎么能更合理,或者更出乎观众预料。这里面最大的推动要素就是创新,马季对创新可以说入迷,但每走一步新路都很艰难。新就是别人没有的,做到这点就很难。比如他的代表作品《五官争功》,用了寓言式的手法,形象地用五官都在争夺自己的功劳,互相排斥,说自己最好,鞭挞了社会上那种争名夺利的行为。这段相声后来被《人民文学》发表,足以说明它是文学性和人物性的生动体现。后来,很多相声演员模仿这个手法,但我觉得都没有超过《五官争功》,说明了马季的新已经在前,谁再模仿都是后了。相声本性是以讽刺见长,但由于我们创作意识和观念的模糊,讽刺变得极其粗浅、直露。马季的《五官争功》却能在讽刺中折射一个时代的精神,他的讽刺不是低下的庸俗的,而是理直气壮趾高气扬的那种,纯粹是"拿着不是当理说"的典范。尽管马季与不少人合作过,但我觉得高峰期还是他与于世猷的合作,两个人相得益彰,可谓绝配。于世猷的捧眼到了出神入化的程度,不紧不慢,形成了马季那段表演相声的风格和特点。后期与唐杰忠和刘伟合作,也是很好的搭档关系。应该说马季先生是幸运的,刘宝瑞、郭全宝、郭启儒等都给他捧过哏,使得他的表演日臻成熟,吸纳了很多相声演员的表演精华。

马季的辈份不算很高,但在相声界影响很大。应该说他是"文字辈"里的佼佼者,行里行外也没有因为他相对辈份小就轻视他。这得益于他精湛的表演和认真严肃的职业态度。马季收了一些徒弟,比如姜昆、冯巩、赵炎、刘伟、王谦祥、李增瑞、常佩业等,都是很有影响的相声演员。马季对自己徒弟要求严格,像前辈对他那样,鼓励他们不要模仿自己,而是形成自己的风格。他倡导徒弟们不要一时口快,要注重自己的艺术修养。确是如此,接触过马季先生的人都会觉得,他不是个相声演员,而是个学者。

相声里包含的内容很多,提供的多元化信息也必须要很充足。一些新思维、新的生活方式、新的社会导向都包含在马季的相声里面。比如他的《新桃花源记》,一个个的小故事,看起来像一个传统的载体在房子外面,但房子里面的装修都是很现代的。所以大家在听他的相声时发现,笑声后,里面传递的各种信息的信息量相当大,而且手法相当的现代化,相声的故事里充满了一种哲学思辨。同样,以创新为主的大家马季也给相声带来一种文化,一种清新之风,一种雅致而又充满传统相声风味的表演。

捧哏大师赵佩茹

与赵佩茹见面的时候我才上小学三年级,那年我大哥结婚。我大哥就是天津戏曲学校的普通老师,特别喜欢相声。我不知道大哥怎么和赵佩茹结识的,反正那天下课看见马三立和赵佩茹去我家,给我大哥送了一幅玻璃嵌画,上边是两朵绽开的牡丹花。

因为我家离干部俱乐部很近,每年那里都会举办春节相声晚会,我都会想方设法钻进去观看,等着看马三立和赵佩茹的相声。可惜,赵佩茹在 1973 年因病住院,因为还是在"文革"期间,马三立和侯宝林等都在十分困难的情况下专程去看望他。侯宝林当时还约定待他痊愈后,接他去北京捧哏。7 月 9 日,赵佩茹与世长辞。那天十分炎热,赵佩茹的遗体一出冰柜,遇到热气,头上布满了一层密密匝匝的水珠。因为赵佩茹在相声圈里人缘极好,周围人心情难过,搭档多年的马三立寓意深刻地说了一句:"啊,他一辈子没顶过呱,今天也顶呱了。"顶呱这句话在相声圈里就是害怕的意思。马三立这句话,使常宝霆、苏文茂等人的心情好了许多,他们悲在了脸上,笑在了心里,尽管笑得很苦涩。马三立这句话是包袱,又不是包袱,在特殊年代寓意深刻。

我听过赵佩茹很多的相声录音,他是幸运的,与他合作的相声大师更是幸运。他自幼随父学艺,后来拜了前辈焦寿海为师学说相声,在同代相声艺人中他拜师最早。听到不少相声前辈说起赵佩茹,都说他得到了焦寿海的真传。他天资聪明,再加上刻苦,所以功底深厚,活路宽广,学会的相声段子很多。学者梁漱溟有一个关于学问的八个层次的说法,其中有两个,一个是要有主见,另一个就是融会贯通。赵佩茹就是动了心思,把学到的本事慢慢融入自己脑子里。不少人说他认真,还有人说他固执。就是对相声里的每一个字都斤斤计较,他从来不说自己都懂,凡是他自己觉得不懂或者不对的都虚心请教别人。赵佩茹曾经向张寿臣先生请教《全德报》的一段台词,其实这句台词并不是这段相声的精彩之处,但赵佩茹觉得很关键。请教完以后他开始丰富,形成了一个很有特色的贯口上台演出,对这段《全德报》起到了很好的辅助作用。赵佩茹把说相声当成学问去做,就跟上课的老师一样。为什么这么说,这么说的作用是什么,或者说有什么讲究和来历。他的用字造句都很准确,他这种细致入微的做法,得到同行们的崇敬。现在的一些相声演员说话用词张口就来,一知半解就敢说出口。我听到一个年轻大学生跟我说听过谁谁的相声,人家这么说,肯定就是那么一回事。马三立说过,我们在台上说一个知识一个典故,台下的观众就会认为是对的,那就不能胡说。

都说赵佩茹是捧哏大师,马志明曾经评价赵佩茹是亘古一人,他认为赵佩茹的捧哏艺术超过了过去的老前辈。我也觉得马志明的评价不为过,赵佩茹确实达到了这个境界。天津相声界里优秀的捧哏演员众多，朱相臣、李寿增、郭全宝、张庆森、白全福、范振钰、马志存等，赵佩茹的捧哏是最有特点的。赵佩茹在20世纪30年代是逗哏的，李寿增为他捧哏，在京津两地大小场地及电台演出，声名鹊起。1937年起又跟常宝堃搭档，那年常宝堃15岁，赵佩茹23岁。他们互为捧逗，赵佩茹甚至还一度以捧为主。他们是相声舞台中少有的一对火爆搭档，针尖麦芒，相得益彰，取长补短。常宝堃年轻气盛，活灵活现，述说真切自然。赵佩茹稳健大方，语言节奏鲜明。他们之间使包袱又脆又响，配合心有灵犀。当时，日本鬼子统治着天津，推行强化治安，物价天天飞涨，白面从两块钱一袋涨到八块钱一袋。老百姓每天只能吃配给面，还强迫献铜献铁，大家敢怒不敢言。常宝堃和赵佩茹看在眼里，怒在心头。在演出时就加上一段现挂，现挂就是即兴发挥。在表演《耍猴儿》时，常宝堃忽然对赵佩茹说，咱俩今天要是耍猴的话，我得用嗓子模仿一下锣的声音。赵佩茹心领神会，就问，那你的锣呢？常宝堃说，我的锣都献铜了。一句现挂包袱，观众先是大笑，跟着就给他们大声喝彩。两个人没有事先碰活，台上即兴对词，能们这么驾轻就熟，是一种文化层次的体现。

赵佩茹是在1962年跟马三立搭档的，据马三立在《天津演唱》杂志撰写文章介绍，他那时的搭档张庆森因为双目失明，无法上台，只能退休了。曲艺团的领导决定让赵佩茹给马三立捧哏。这个决定把马三立和赵佩茹的地位奠定下来。马三立形容赵佩茹是一个知道得多、见得多、会得多、舞台经验多的老演员。这四个多的评价很准确，也很生动。马三立还说，作为一个优秀的相声演员，应当会得多，对大多数传统节目应该做到只许不说，不许不会。赵佩茹和马三立搭档以后，他很了解马三立的表演手法，在包袱的尺寸上拿捏很准，捧哏的节奏也很舒服。不论马三立正铺也好，反入也罢，赵佩茹都能恰如其分地让马三立把包袱脆出来。赵佩茹从来不抢包袱，该给的一定要给，该让的也会很好地让出来。马三立也是如此，让赵佩茹活起来，等着他甩包袱。捧逗之间最不好做的就是互相铺，有时候节奏差一点包袱就不响。赵佩茹以前也跟其他相声演员合作过，如果对方台词不对，包袱的范儿不准，他就不给你接，包袱也不给你翻。很多时候包袱是逗哏的使完了以后让捧哏的翻，包袱响在捧哏上，其实是逗哏出彩。赵佩茹不翻包袱，会使得逗哏的很难堪。所以有些相声演员怕赵佩茹捧哏，因为自己说不好就晾在台上。马三立和赵佩茹的成功搭档，应该说从表演上和经验上都比过去有了提高，也成为相声界中难得的合作者。正如侯宝林和郭启儒、常宝霆和白全福、苏文茂和朱相臣、马季和于世猷、赵振铎和赵世忠一样。我曾经听过苏文茂和赵佩茹说的《全德报》录音，赵佩茹真是一个掌舵的，把苏文茂捧得严丝合缝，滴水不漏。一个捧哏大师换谁在台上逗哏，都能把逗哏的特长充分发挥出来，真可以说是梁漱溟说的学问达到的最高层次，那就是通透。

我个人最喜欢赵佩茹说的三人相声《扒马褂》。这段是优秀的传统相声，整段构思巧妙，每个人物都鲜明生动。这段相声没有过去的跳进跳出，都在人物和故事里边渲染发生。逗哏的是贪图小利鼓舌如簧的帮闲，捧哏的是一个性格直率的艺人，腻缝的是靠别人哄着捧着的少爷秧子。与赵佩茹搭档的是马三立和郭荣启，三位大师在 1962 年北京中国文联礼堂联袂演出，掌声如潮。郭荣起逗哏，马三立腻缝，赵佩茹捧哏，各有绝招，大显神通，礼堂内笑声不绝。正如曲艺评论家张跃铭所说，《扒马褂》深入骨髓地批判了市民哲学，赵佩茹、马三立和郭荣启的表演貌似废话连篇，你却说不出哪一处是废话,哪一句是多余,在题材内容、艺术技巧及表演水平上都是上乘佳作。《扒马褂》被很多相声演员表演过,我觉得没有能超过这个组合的。

赵佩茹除了捧哏,还教学有方,桃李满天下。一个相声大师的标准有四个,一个是他的特色,一个是他的代表作品,一个是他的影响,再一个就是他的徒弟质量。赵佩茹有三十多名弟子,如大家熟悉的李伯祥、高英培、常贵田、刘瑛琪、王祥林、徐德魁、张奎清、任鸣启、马志存、许秀林、郭士忠、刘国器、侯跃文等。侯跃文是在赵佩茹去世后,按照相声收徒的规矩,由李伯祥代收。在纪念赵佩茹之际,用拙作纪念有些分量不足,但也是我一片丹心。

文哏大家苏文茂

天津的相声名家众多，我接触的也不少，印象深刻的是苏文茂。苏文茂先生的表演风格独树一帜，这得益于他的师傅常宝堃，常宝堃就是一个不同凡响的相声大师，可惜英年早逝。观众喜欢听苏文茂的相声，他这种不温不火的娓娓道来，慢慢把味道全都浸透在浓浓的汤里边。观众随之也静下心来，沉浸在他所设置的氛围里，享受相声那原有的魅力。

比如传统段子《论捧逗》，很多人说过，但苏文茂和朱相臣的《论捧逗》最佳。为什么这么说，因为他们能找出细节，加以发挥和夸张。苏文茂找的点都很准，都是老百姓经历过的但很少提炼过的。再比如脍炙人口的《扔靴子》，就是夸张在真实中产生，细节在高潮中诞生的经典。他的《批三国》是在《三国演义》中找重合点，找夸张的切入点，然后在观众中找共鸣。《美名远扬》《废品翻身记》《高贵的女人》《新局长到来之后》等享誉曲坛，成为我国当代相声艺术的经典之作，都是从生活中寻找出来的，然后是塑造人物，再从人物中寻找包袱,而不像现在一味地找包袱,丢掉人物的本体。相声中有文哏一说,文哏不好说,不能在台上撒狗血,要靠语言的功夫。我和苏先生有一次深谈,他说他会的段子不多,也就是一百来段,但每段都得揣摩研究,包袱在哪响,人物刻画怎么还能更合理或者更出乎观众预料。相声本性是以讽刺见长,但由于我们创作意识和观念的模糊,讽刺变得极其粗浅、直露。苏文茂却能在讽刺中折射一个时代的精神,他的讽刺不是低下的庸俗的,而是理直气壮趾高气扬的那种,纯粹是"拿着不是当理说"的典范。尽管苏文茂与不少人合作过,但我觉得高峰期还是与朱相臣的合作,两个人相得益彰,可谓绝配。朱相臣的捧哏到了出神入化的程度,不紧不慢,成就了苏文茂文哏的风格和特点。

苏文茂的辈份不很高,但在相声界影响很大。他的相声内容很广,提供的多元化信息也很充足。一些新思维、新的生活方式、新的社会导向都包含在他的相声里面。比如他的《抚瑶琴》,比如他的《扔靴子》,都是一个小故事,看起来像一个传统的载体在房子外面,但房子里面的装修都是很现代的。所以大家在听他的相声时发现,笑声后,里面传递的各种信息量相当大,而且手法相当的现代化,相声的故事里充满了一种哲学思辨和人生的况味。

点滴之处品苏式相声的与众不同

近些年,大家对我国相声艺术的评价几乎众口一词,那就是相声不景气。主要表现在新作越来越少,题材过于狭窄,表现手法单调,格调陈旧。其实还有一个根本的症结,就是相声演员表演的方式越发趋同。而在相声界名望很高的苏文茂先生,却独树一帜。他的表演风格完全与旁人不一样,在六十多年的艺术生涯中,苏文茂本着对艺术的执着追求,刻苦学艺,视相声艺术为生命,然后博采众长,集各位大师的优势于一身,形成自己独特的苏派风格。他一反相声表演力求火爆和热闹的做法,独辟蹊径,以文哏的方式见长,文而不温,含蓄隽永,文雅俊逸,入活时铺平垫稳,高潮时文采飞扬。相声演员在台上都自称是家,说相声演员的肚子是杂货铺,而那只是台词。能够做到台上表演具有书卷气的,我觉得苏文茂是现在硕果仅存的一位。他将相声的文哏艺术推上了前所未有的高度,无形中也逐渐把自己的风格固定了下来。观众听苏文茂相声,等待的就是他这种不温不火的娓娓道来,就是包袱在不知不觉中抖出来，让观众笑得很舒心。

应该说，当今相声的滑坡，更准确地说是因为走向做作、空洞和庸俗。原因自然很多，但就总体而言则是生活底蕴不够。在相声创作的过程中，作者考虑更多的是技术性的包袱，而较少对生活底蕴进行开掘。一般情绪的宣泄取代了对艺术的抒情，琐碎生活事例的罗列取代了对艺术形象的塑造，如此等等。相声虽然是普通大众的艺术，但它不是媚俗的，或者说想说什么就即兴说什么，自己说痛快了就完，相声应有自己的位置，有自己的文化品位，让人看得起，而这点苏文茂做到了，他把自己放在了一个高水平的平台上。苏文茂的相声包含的信息量也很充足。一些新思维、新的生活方式、新的社会导向都包含在他的相声里面。比如他的《抚瑶琴》，比如他的《扔靴子》，表面就是用了一个十分小的故事，看起来像一个传统的载体在房子外面，但房子里面的装修都是很现代的。所以大家在听他的相声时发现，笑声后，里面传递的信息量相当大，而且手法相当的现代化，相声的故事里充满了一种哲学思辨和人生的况味。

在艺术的百花园里，相声是不大不小的一朵花，普普通通，但这朵花自有它不同于牡丹的地方；你也可以把它说成是一盘凉菜，很爽口，很快就吃完了，不过也不可能再上了。

苏文茂说的就是这种相声。

刘宝瑞与天津的不解之缘

记得在二十年前，新闻媒体曾经发起评选相声大师的活动，选出了张寿臣、马三立、侯宝林和刘宝瑞四位。前两位都是天津土生土长，而侯宝林和刘宝瑞都是在天津走红，后成于北京。刘宝瑞在天津的时间比侯宝林短一些，但他却与天津有着不解之缘。

刘宝瑞 1915 年生于北京，他的家境十分贫寒，九岁开始接触相声艺术，常游走于北京天桥和东安市场相声园子之间。类似刘宝瑞这样的从年幼起就登台演出的相声演员很多，天津的魏文亮和李伯祥等都是如此。刘宝瑞在 13 岁那年来天津拜张寿臣为师，他这样选择除了张寿臣的威望和艺术影响以外，就是天津这块相声门里的风水宝地。从此他开始在天津崭露头角，先后与马三立、赵佩茹、李洁尘等在南市的联兴茶社相声大会演出。从他选择的演员可以看出，都是赫赫有名的人物，让他乘风借力。更重要的是天津的相声群不排外，大家都能伸手搭一把，而联兴茶社恰恰就是一个最好的扶持舞台。几代掌门人都是行里的推崇者，刘宝瑞就如鱼得水了。那时,相声演员的很大一部分收入来自于电台,刘宝瑞就常到广播电台播音,顿时有了影响。1929 年,天津的一家电台播了一个三人相声《扒马褂》,听众反响强烈。一些打开收音机稍晚的听众依稀能分辨出马三立和赵佩茹两个较为熟悉的声音,却不知道另外较为陌生的一人是谁。一些喜欢这个相声的听众四处打听,终于得知那是刚来天津不久的 14 岁的刘宝瑞。

仔细翻阅资料发现,刘宝瑞不但在联兴茶社,还经常在其他戏园子里演出,使他有了一个充分展现自己的机会。比如 1940 年,刘宝瑞与于佑福、刘连升、刘玉凤、杨文华、马桂元等一起在河西区谦德庄元合茶社演出。那时他的搭档不是固定的,而是随着演出而变化。他到处跑场子,为了糊口,天津的相声同行也跟他相依为命。刘宝瑞 17 岁的时候,与当时 18 岁的马三立搭档去营口、烟台、青岛等地跑码头找园子,以致后来他与马三立的合作有了相得益彰的发展。可实际上两个人的表演风格和口风截然不同,马三立口语化极强,刘宝瑞的高音震人耳膜。但越是风格不同,配合就越有特点。两个人在从营口开往烟台的轮船上,由于身无分文,两天没吃东西,正值壮年的刘宝瑞饿昏了。马三立迫不得已,偷了别人两个烧饼,才救了刘宝瑞一命。这段不知道是传闻还是事实,但足以说明两个人深厚的感情。1949 年以后,马三立和赵佩茹合说相声作家何迟的新作《买猴》,刘宝瑞和郭全宝也说《买猴》。马三立说《十点钟开始》,刘宝瑞则说《今晚七点钟开始》。但仔细听两个人的风格却迥然不同,刘宝瑞能做到平整而不温,脆快而不过,形成了稳健潇洒、口风细腻的艺术风格。而马三立却坚持平民化,说得夸张而真实,真实而变形,马三立成了马大哈,塑造了一个鲜活的人物形象。刘宝瑞和马三立的关系,其实就是他和天津的一种不解之缘。

在天津的相声舞台上，说单口有着一段高潮期，那时张寿臣、常连安、马三立等人的经典作品接连出现，尤为突出的是张寿臣的《小神仙》、常连安的《斗法》以及马三立后期的一系列平民生活的集锦。但给我们深刻印象的是刘宝瑞的几十段单口相声，比如他的《珍珠翡翠白玉汤》《豆腐侍郎》《日遭三险》《学徒》《贾行家》《连升三级》等，刘宝瑞借助了电台的广阔平台，也促使单口相声有了一个飞跃和文本的提高。他的单口相声《连升三级》被选进了中学语文课本，被翻译为英、法、日多种文字，介绍到国外。这在相声史上很少见，可见影响不一般。我在20世纪80年代见到了刘宝瑞的弟子殷文硕，他因为病已经截了一条胳膊。他用一只手郑重地递给我他整理的他师父的《官场斗》这部书，这部书后来被我和女儿李娟翻烂了。书中的很多精彩桥段已经在电视剧《宰相刘罗锅》里再现。《官场斗》的故事素材来源于民间传说，河北、天津、北京、山东、辽宁等地流传很广，《官场斗》由很多的民间艺人进行再创作，按照老百姓的意愿，塑造了刚正不阿的刘墉与贪婪好财的和珅两个形象。在刘宝瑞之前，清末的阎德山和万人迷李德钖都发展过这个故事的情节。后来经张寿臣及马桂元整理修改，定名为《满汉斗》。刘宝瑞、王长友、刘奎珍、冯立樟等人，都作过不同程度润色。可恰恰刘宝瑞有他的独特挖掘，使之戏剧化色彩强烈，人物走向鲜明，故事推进利落。我对刘宝瑞的了解都是在他的单口相声里，从小就听广播，于是他的特殊音色和表演让我至今不忘。仔细回味，他对每段台词都精心设计过，是长期舞台实践所得。他的知识领域极广，说什么像什么。我曾反复听他表演的《珍珠翡翠白玉汤》，人物栩栩如生，真是一篇极佳的黑色幽默小说。刘宝瑞在天津的徒弟寇庚儒回忆，有次他去北京找师傅，爷俩一聊就聊了一宿。师父给他说起《珍

珠翡翠白玉汤》。直说到夜里三点多，结果说饿了，师娘也睡了，他
跟师父就支个锅，舀点儿水，弄点儿饭菜。一会儿糊味出来了，师父
忙幽默地说，行了行了，咱俩别说了，咱俩吃这珍珠翡翠白玉汤吧。

刘宝瑞堪称老一辈艺人中善使杂学的第一人，他的单口相声
其实很多前辈和同行都说过，但正是到了他这有了升华，有了重新
的梳理，有了文本的变化。刘宝瑞与天津有着解不开的渊源，在他
百年诞辰之日，天津"非遗"保护协会和和平区文化部门筹划了纪
念他的相声专场，在天津相声俱乐部的鼎力支持下，此次专场在中
华曲苑举行，敬仰的刘宝瑞大师，天津不会忘记您！

闲话冯巩

　　我与冯巩认识是在 20 世纪 80 年代初期，当时我在市群众艺术馆的《天津演唱》编辑部当曲艺编辑，他是我的作者。那几年，彼此见面的机会却不多，每次见面都感觉他在不断变化，令你捉摸不透。

　　前去找冯巩的人很多，给他家打电话十有九空。有时他爱人接电话也总是委婉地说，不知道冯巩去哪了？请留话。冯巩有 BP 机，但很少带在身上。一旦他离开北京了，就把 BP 机给他的好友赵保乐。所以我但凡到北京用 BP 机呼他，也大都是赵保乐那平和的声音，不卑不亢地告诉你，冯巩去外地演出，请留话。

　　记得 20 世纪 90 年代初期，在一个元旦的夜晚，冯巩给我家打来电话，让我一定赶到北京民族饭店，同他商量修改小品《人生大舞台》。这个小品不是我为他写的，只是他来天津时，看罢匆匆忙忙带走了。我立刻来到北京，进了屋就和他修改，直到后半夜。冯巩这人精气神太足，我都昏昏欲睡了，他还手舞足蹈地体会小品中的人物角色呢。早晨起来，我发现他的床空了，给我留了个纸条，说怕吵醒我，一早起来乘飞机去哈尔滨了。过了一个星期我因一个演出去北京，住在丰台，便用 BP 机呼他。他来电话说，马上要来丰台。果然，我还在看电视，他和赵保乐就开车到了。进门就把《人生大舞台》给我表演了一遍，屋里聚了一帮人看。演完以后，他就挨个问屋里的人，哪不行。然后他和我现场修改，再按修改稿重演了一遍，直到屋里的人都认可为止。

冯巩就是这样的人，总想把什么事都搞得尽善尽美。

我与冯巩同桌吃了好多次饭，发现他在酒桌上太好面子。别人一叫他喝酒，他不会搪塞也不想耍滑，实打实地喝酒，让劝酒人高兴。结果他喝得红头胀脸，让别人看了真想笑。一次我和冯巩、赵保乐、倪萍等人一块吃饭。冯巩想控制自己少喝酒，然而越控制自己喝得越多。他还总怕酒桌上冷清，就一劲地逗大家开心，滔滔不绝地讲各种笑话。倪萍怕他累着，就主动讲笑话，好让他歇会儿。那是我第一回听倪萍调侃"天气预报"，她的胶东方言妙趣横生。

还有一次我与冯巩还有著名相声作家王鸣禄、相声演员王佩元去天津狗不理吃饭。下了汽车，他把帽沿压得特别低，低头匆匆地走，唯恐别人认出来。但他的脸太熟，稍一抬头就被人喊出名字。我只能拉着他挤出人群。吃完饭，当他掏钱结账时经理要优惠，他连说，你们挣包子钱也不容易，咱们二小穿大褂——规规矩矩。

冯巩这人不摆架子，对人客客气气。但也有例外的时候，有次我和他到一个招待所吃饭，几个餐厅服务员围过来，起哄架秧子让冯巩当场说一段相声，神态很庸俗。冯巩当时很生气，闷头吃饭，一声不吭，弄得那几个人很尴尬。事后，他对我说，我不是旧社会撂地摊儿的,扔俩钱儿就说一段,起码要尊重演员的人格。

一次,冯巩为天津电视台少儿部录制一台春节晚会,他是主持人。为了能和小观众们消除隔阂感,他和牛群主动跟导演提出,为小观众们说上几段相声,逗小观众们开开心。结果,晚会主持得很成功,从冯巩的表情中就能捕捉到他对孩子们的喜爱。

我记得当时冯巩有一辆夏利小轿车,红色的,这辆夏利车跟了他许久。我不知道他现在换的什么车。我坐他开的车,总担心出事。但冯巩的驾车技术挺娴熟,而且胆子大。一次在北京走到单行路上,他竟神不知鬼不觉地逆行开了过去,好在路很短,几分钟就拐到了正行线上。我说,你别让交警堵到。他顽皮地一笑:偶尔犯把规,真让交警碰到了,咱规矩地一敬礼,他一敬礼,就过去了。冯巩若是喝了酒,就不敢开车了,而是让朋友开。他说:不是我不敢开,我喝酒头晕,一根电线杆子能看成仨。我出事儿不要紧,别把诸位兄弟们给坑了。

冯巩为朋友讲情讲义。他对我说过,曾经有一个很要好的朋友,后来犯了案进了监狱。他听到后,就跑到监狱探望这位朋友,鼓励朋友重新做人,别破罐破摔。朋友见到冯巩来探望,眼泪哗哗地往下流。1986年,我也经历了一次坎坷,冯巩把我接到他家,跟我聊了半天的人生,劝我别消沉别沮丧,路还长着呢。我走时他送我好远,又婆婆妈妈地说了好多。我心里暖融融的,找不到合适的话来感谢他。那时,冯巩和刘伟分开以后,社会上传闻很多,冯巩的口碑不好。他回天津,我俩在车里说起这事,我不客气地说了冯巩。冯巩不动声色地听着,也不解释。他把车开到一个僻静处,让我把话全都说完,然后脸上的表情十分沉闷,说不上是委屈还是内疚。冯巩只对我说了一句话:"我不是个忘情忘义的人,我确实是为了相声艺术。"

冯巩这人说不透，他内心有很多东西是不外露的。虽然他表面上幽默诙谐，但心里还有什么苦滋味，只有他自己知道。

我说的冯巩都是三十多年前的事儿了，现在我和冯巩已没有来往，不知道他现在生活得怎么样。总是能在央视的春晚上看到他，听他说那句"我想死你们了"。

想起梁左

在现代相声发展史上，一般都是相声演员自己编自己演，像张寿臣、马三立，后来的马季也是不用别人写，自己编完自己演。可这样就限制了相声创作，相声演员毕竟不是作家，摇笔杆子不是他们的强项。说起来作家介入相声的很多，比如天津的何迟，他是剧作家，他给马三立写了很多相声，比如脍炙人口的《买猴》。他的相声创作立意深邃，角度新颖，社会性极强。一般相声演员受自身文化阅历的限制，是难以创作出来的。天津另一个作家刘梓钰也热爱写相声，不少相声演员都喜欢找他要作品。

我最喜欢的就是梁左，一个相当有创作力的作家。梁左也是一个剧作家，像全国首部情景喜剧《我爱我家》就是他的一个经典剧目，现在很难再有新的剧目超越它了。梁左对传统相声可以说相当熟悉，掌握起来游刃有余。梁左最大的功绩就是开创了相声创作的一个先河，把文学和相声嫁接，用传统的相声手法表现后现代文学的主题。跟过去传统相声不一样，尽管他的作品也有垫话、也有入活,也有三翻四抖,表面上看传统相声的手段没发生变化,但表现元素发生了一种颠覆性的变化。如姜昆、唐杰忠表演的《虎口遐想》,把人物的背景放在一个动物园里,主人公随时都有可能被老虎吃掉。这个场面就是法国喜剧片的感觉,人物表面紧张恐惧,但观众却在这种特殊的气氛里领略了梁左所要说的主题,那就是小人物的善良心态和勇敢精神。

梁左是北大毕业,学中文的。他对相声语言驾轻就熟,基本都是子母眼,一头沉的东西很少。他为什么选择子母眼,就是要增加语言的节奏感,以及背后的强大社会信息量。他能把最新的新闻融入到相声作品里,把一种超前的、前卫性很强的东西搁进来,但又丝毫没有陌生感。他还很容易地就把文学性的东西介入到相声里边,设定一个特定环节,比如电梯,让电梯上不来下不去,然后把在电梯中发生的故事栩栩如生地讲出来。还有像人掉到老虎洞里头,这个特定环境、特定情节、特定人物就显得新鲜和刺激,其实这是小说和剧本的基本结构方法,他给统统移植到相声里。他还有一个更绝的相声叫《特大新闻》,从来没有人这么写过,他把人物和故事都放在令人瞩目的天安门广场。说天安门广场要成为菜市场了,弄得所有观众都得竖起耳朵听这是怎么回事。因为相声的创作者们、演员们不可能想像到把天安门广场这么大的空间变作一个市场,这就需要想象力和对时代相当敏锐和准确的把握。梁左开创的每一个窗口都是过去相声中没有打开过的。因为过去的相声都是反映底层老百姓的。反映高端或者反映更大社会背景的,我们很少看到。所以我特别呼吁更多的作家、文学家能够喜欢上相声,能够参与到相声创作,然后使相声更有文学性和社会性。

梁左走了很久了,我十分想念他。

梨园界的传奇人物童芷苓

　　童芷苓去美国之前,给我来了封信,接到信时我很惊诧。因为我只是 1982 年在上海采访过她一次,然后就没再来往。信里,她说要去美国了, 想让我把当年采访她的文章再寄给她一份, 留个纪念。 想来,我那篇文章写得很粗糙,怎么会引起她的注意呢? 事隔多年, 我看到报纸上登载的童芷苓在美国去世的消息, 又听说她晚年在那里生活得很孤独,去世几天后, 才有人在她房间里发现她的遗体, 不由得替这位曾在中国梨园界叱咤风云的人物难过。后来, 得知这消息不准确,天津京剧名家李莉跟我说,童芷苓病逝在医院里。

　　记得那个傍晚,我去上海拜访童芷苓。本来电话里说好, 她要我去看她和她妹妹童葆苓合演的《樊江关》,因为演出地点在一家工厂,我是第一次去上海,实在不好找。后来她在电话里说,那算了, 你到我家聊吧。她家住在一幢高层的顶层, 我是坐电梯上去的, 一开电梯门, 她正笑眯眯地等着我。尽管她额头爬满了皱纹,但一举一动透着潇洒,嗓音依旧那么清脆。

　　童芷苓生长在天津,她还清楚记得家住在秋山街鼎新里。童芷苓父母都是教员,却酷爱京剧。受家庭的熏陶,她从小就喜欢京剧,13 岁时票了一场《女起解》。由此,聪明伶俐的童芷苓便跳进了京剧门。此后,跟着人家转小园子,跑小码头,扮宫女。谈到这,童芷苓苦笑道,这叫借台子演戏。我换了不少班,偷着学会了十几出戏,仗着脑子好,不怕辛苦,也能忍气。要不早就被踹下台了。几年后,班里的女主角突然找主成亲,无人挑大梁。老板看她聪颖好学,就点中了她来接班。童芷苓接过戏本,凭着偷来的功夫,只练习了一夜,就登台亮相了。当时的童芷苓扮相秀丽,年仅 16 岁,就挂上了头牌。

　　久闻童芷苓是荀慧生的得意门生,我脱口问,您是什么时候拜的师啊?童芷苓不加思索,立马准确地说:1939 年 5 月 3 号,在天津的明湖饭店,那年我 17 岁。荀先生的戏童芷苓学,可她没有拘束在一家门下,而是博采众长,梅派、程派、尚派的戏她都学。拜师以后,童芷苓天天演两场,也不觉得累。那时候,童芷苓经常演出的戏是《红娘》《玉堂春》《大英杰烈》《红楼二尤》等。一年后,童芷苓转到北京找师傅深造,转年到了上海,跟李盛藻、高盛麟和袁世海等名角搭班。童芷苓学戏聪明,毯子功又刻苦。京剧里的青衣、花旦、刀马旦行行精通,四大名旦的唱腔和身段又都运用自如,真是多才多艺。她和众多的艺术家合演,还和骆玉笙演过《坐宫》,骆玉笙的四郎,童芷苓的公主。她回到家乡天津演出时,在中国大戏院一连演出了十二场,天天兴奋得她睡不好觉。在这期间,她还频频到影棚,"客串"了不下十几部电影。其中有和石挥、周璇、张伐主演的名片《夜店》,石挥演店主,童芷苓演店主的妻子赛观音。有一位戏迷偶然到图书馆，翻看1949年以前的旧报纸，在电影广告栏里惊奇地发现了不少童芷苓参演的电影海报，便复印了一份寄给她。这位戏迷在信中说，我怎么也没想到，您还是个电影演员……

中华人民共和国成立后的第五个年头，童芷苓带着自己的京剧团并入了上海京剧院。这时候，她开始接触大量的新剧目，如《柳毅传书》《赵一曼》《武则天》《孟丽君》等，塑造了一批性格鲜明、迥然各异的形象。

童芷苓敢标新立异，不贪图安逸，能潜心钻研，火戏不过火，文戏不显温吞，包袱连串的角色能让台下笑声不断，斯斯文文的人物她也能叫观众聚精会神。童芷苓演《宇宙锋》里的赵艳容，别具一格。别人都处理成下场扯发，披肩而上。她却当场撕发，随情而入，使角色的情绪连贯，感情逼真。1963年，为纪念曹雪芹逝世一百周年，上海电影制版厂开拍《尤三姐》。童芷苓把弟弟童祥苓带进了摄影棚，让他和自己配戏。童芷苓在影片里扮演尤三姐，由于她对拍摄电影很熟悉，所以在摄像机面前泰然自若，游刃有余。你看童芷苓，怒点蜡烛，似醉非醉，热时放而不荡，冷时笑而生寒。特别是坐在桌上对那位伪君子的大段斥骂，句句含恨，字字喷火。那眼角的蔑视，眼梢的痛苦，眉尖的怒责，都表现得淋漓尽致。谁料，影片拍出来，还没和观众见面，就被打入冷宫，香港新装的大幅广告也被撤下来。童芷苓不明白，这出戏究竟因为什么不能上映？

说来，现代京剧《海港》里的方海珍最早是童芷苓出演，她虽然在京剧舞台上表演了三十年，可谓驾轻就熟，但对政治这个大舞台却十分陌生。她深入到黄浦码头去体验生活，揣摩这位女书记的角色。没多久，心直口快的童芷苓终于憋不住了，在一次重要会议上说,码头工人有几个是女的,偏让个女人当书记? 玻璃纤维小题大做了! 惹得当时在上海的张春桥好不高兴。

当乌云过去、是非澄清的时候,童芷苓被上海交通大学请去清唱。童芷苓上舞台前腿脚有些哆嗦,观众们对她有些生疏。她清唱《沙家浜》里的"智斗"一折,扮演阿庆嫂。童芷苓把其中的一句大人小孩都熟悉的唱词"人一走,茶就凉",唱成了"茶一走,人就凉"。事后有人问她,这么熟的台词你怎么还唱错了? 童芷苓说,我有些紧张。其实我分析,她是对"人就凉"这句有切肤的感受。接着她又为大学生们唱了一段郭老"大快人心事"的著名词句,唱时童芷苓还即兴使了个麟派的身段。演出完,童芷苓回家,与家人团团圆圆坐在一起,包了顿饺子。吃饭时,女儿调侃她,妈,你把样板戏唱错了,又该倒霉了。

可惜,童芷苓后来在京剧舞台上演出的机会不多,她感觉到自己老了。童芷苓到上海戏校当了名顾问,而这时,童芷苓女儿正在戏校学习。应朋友叶楠的邀请,童芷苓在拍电影《傲蕾·一兰》时,途经北京,与妹妹童葆苓演了几场,戏迷们半夜起来买票。舞台上,童芷苓竭尽全力地表演,寻找着过去的辉煌,也弥补着自己生活的缺憾。这时,她的表演已经到了出神入化的程度,荀派的风格交融着其他的特色,除了身段略有减少外,那眼神,那腔调,那道白都表现出大师的艺术底蕴。观众热烈鼓掌,震耳欲聋的声音把她的演唱都淹没了。童芷苓边唱边流泪,泪水浸湿了她的粉妆。

后来,她为什么去美国,在美国又为什么那么孤独,我就不知道了。我权当用这篇文章来祭奠她吧。

不忘银达子和韩俊卿

我小时候住在吴家窑大街,距离佟楼三合里的河北梆子剧院很近。班上有不少同学的父母在剧院做演员,因此我常到三合里的河北梆子剧院看演出。知道银达子和韩俊卿也是在那时候,没有见过银达子的面,但经常在舞台上看韩俊卿的戏。我娘也喜欢河北梆子,有时候就跟着我娘看韩俊卿的《蝴蝶杯》和《秦香莲》。我娘喜欢跟着唱,我不会,但觉得我娘唱得也不错。于是,我对河北梆子就有一种特殊的感情,最喜欢听的就是达子腔,那种老生的真声假声互相交替的悲壮感和沧桑感。我在群众艺术馆举办了"京津冀"河北梆子票友大赛,每两年一届。在河北省石家庄举办的那次,天津有票友上台演唱银达子的代表作《打金枝》,台下的观众掌声雷动。到了北京延庆区那一届,天津韩派的票友演唱《蝴蝶杯》也赢得一片喝彩。可以看出,大家对达子腔和韩派梆子的高度认可。

那年的初夏,我和河北梆子剧院的院长张浩应邀去北京大兴区的一个乡镇文化中心,参加一个达子腔戏迷的见面会。这些来自周边几个省市的达子腔票友们互不相识,通过网络开始认识,在网上演唱达子腔。后来觉得不过瘾,就开始相约交流。那天,几十名票友畅怀演唱,唱的都是达子腔,唱得清气上升,浊气下降,一直唱到月挂中天。河北梆子剧院著名的达子腔演员黄长明当场授课,亲自做示范。于是台上台下都是达子腔,掌声喝彩声震耳欲聋。我和张浩完全沉浸在一种达子腔的氛围中,中华优秀的戏曲传统在这里得到充分的张扬。有票友凑过来对我和张浩说,2015年是银达子一百二十周年诞辰,韩俊卿一百周年诞辰,应该举办纪念大师的专场演出,机会不能错过啊。我当时纳闷,两个人的诞辰都在整数上,是巧合,还是缘分?从北京大兴区回来以后,我和张浩就不断碰头商量曲目和演员。张浩激动地说,要把天津和北京最好的达子腔和韩派演员呈现出来,要把两位大师的代表作品表现出来,要把河北梆子这个国家级"非遗"项目的魅力释放出来。听到消息后,市群众艺术馆的李戈馆长热情高涨,津南区文体局的领导也说:"银达子是津南八里台人,韩俊卿是津南北闸口人。津南就是孕育两位大师的地方,纪念活动要算我们一份。我们还要在津南建立河北梆子"非遗"传承基地,让达子腔和韩派艺术得以延续。"

筹备期间,我们一次又一次地听银达子、韩俊卿的经典唱段。银达子的嗓音柔润甘甜,犹如银铃清新悦耳,故取名银达子。他在男声唱腔改革上立了头功,据说他请教了著名京韵大鼓大家刘宝全,开启了男声的真假声演唱。他对京剧、京韵大鼓、太平歌词等各派兼收并蓄,为己所用。正因为银达子的改革,才使得男声的演唱获得了新生。银达子又能演丑角,或者说台上缺什么他就能演什么。他没有任何架子，跟团里的所有主演都能合作，在韩俊卿、金宝环、宝珠钻、王玉磬的戏里都能看到银达子的身影。他就是一块磁铁，强烈地吸引着周边的演员。而韩俊卿在表演艺术上坚持声腔旋律的改革与创新，使河北梆子得以重振。韩俊卿晚期艺术造诣更见成熟。她创造的腔缓字重、音低声劲的独特唱法，形成河北梆子界流传甚广的"韩腔"。天津观众喜欢银达子和韩俊卿，大师虽然先去，但艺术影响将在天津舞台上永远流传！

马魏华书法访谈录

李治邦：你第一次到法国举办书法展览，当时的心情是什么样的？有没有怯阵，或者说是对自己的不自信？

马魏华：我进入里尔市时，如果不是来往的汽车，仿佛是进入了古老的欧洲。古代的建筑上到处是雕塑作品，拢聚着浓厚的艺术氛围。说实话，我心里确实犯了嘀咕，在法国这个艺术国度里办自己的书法展览，能否被接受？到达里尔当天，"北方华人协会"的侨领们热情地接待了我。在举目无亲、语言不通的环境中，我那种茫然的心情得到了一种安慰，如同到家一样。转天，"北方华人协会"会长叶贵彬先生专程陪我到首都巴黎，拜访了中国驻法大使馆。当时，赵进军大使回国述职，刘志明公使接待并宴请了我。他鼓励我说："你是第一位在法国办展览的中国警官，你是真心的文化大使，一定要办好这个展览。

李治邦：你的展览的第一站是在法国的什么城市？效果怎么样呢？

马魏华：在法国北部城市拉玛特兰开的幕，市长迪纳先生携夫人及市政府官员出席了开幕式,并参观了展览。当迪纳市长走到了我的刻竹作品"厚积薄发"前时,他伫立不动,详细询问我这幅作品的创作过程及含义。通过翻译,我进行了讲解。市长听了频频点头,他当即宣布,拉玛特兰市将收藏这幅作品,并陈列在市政府大厅。迪纳市长代表市政府郑重地向我颁发了拉玛特兰荣誉市民勋章,并握着我的手真诚地说,你给我们带来了最优秀的中国艺术作品。历时半个月的展览结束了,每天参观的人络绎不绝,我给市政府赠送了刻瓷作品。人们拿着我的刻瓷作品争先观看,觉得十分好奇,询问我有什么奥妙。我就解释说,中国字可以写在纸上,也可以刻木、刻瓷、刻石,刻出的字是立体的,能把中国字鲜明地表现出来。事后,有人对我讲,你说起中国字总是那么滔滔不绝,气宇轩昂。我的第二站展览是在法国北方省会里尔市政府展厅开幕。中国驻法大使馆派一等秘书李京生先生出席了开幕式。由于我在拉玛特兰市的展览获得成功,所以,里尔的展览的参观人数就越发多起来,让我惊奇的是孩子们很多。法国观众非常喜爱艺术,表现出接受世界各民族艺术风格的热情。我没想到,中国书法在异国如此受到青睐。观众兴奋地对我讲,他们看到的中国艺术展多是中国书展。在里尔,第一次看到中国字的艺术展。特别欣赏我用"刻"的形式表现汉字,觉得很新鲜,很有视觉冲击力。我赠送给里尔市政府三件精心创作的刻瓷作品、书法作品。市长 ESCANAES 女士代表"文化交流年"组委会及市政府向我颁发了"法兰西共和国荣誉奖章"。有人跟我开玩笑,说我获得的奖章级别越来越高了。风度翩翩的女市长即席讲话,说:"里尔和天津是友好城市,天津马魏华警官为我们带来了纯粹的中国艺术展品,非常精美。我代表中法文化交流年组织部门向他表示感谢!"我真没想到会得到如此殊荣,我是个警官,习惯用敬礼的方式表达谢意,大家看我这样感到新鲜。

李治邦:你从小时候练习柳公权的《玄秘塔碑》开始,到后来学临《神策军碑》和《金刚经》,再到之后的学临欧阳询和王羲之的字。你师从著名书法家宁书伦和龚望,从你的言谈话语里知道老师们经常叮嘱你,书品即人品。我喜欢中国书法,但没有专门研究。我觉得中国书法的无穷魅力,确实是德和艺修炼而成的。你在展览期间,每天就像一位值勤官时刻驻守在现场,没有游览过一次名胜古迹,闲逛过一次商场。在充满艺术诱惑力的浪漫之都法国,能做到这点很令我们感动。而且,你向观众送出的书法和雕印作品不下二百件,每件都是你的用心之作。你拿出来的时候毫不犹豫,甘心奉送,更让我佩服。在当前的商业社会中,物欲的过度追求和精神上的情操修炼,对每个人都是心灵上的一种战争。你赠送这么多作品的时候没有想过回报,是出于一种什么动机呢?

马魏华:真的没想那么多,我就是觉得法国的观众喜欢,我就送给他们。其实我明白他们不是喜欢我,而是喜欢我写的中国书法,是中国书法吸引了他们。我记得一对法国老夫妇对我写的"寿"字很感兴趣,当他们了解了这个字的含义后,当即要购买。我对他们讲,我这个展览不是为了卖钱,是为了让法国人民了解中华民族的传统艺术。如果二位老人喜欢,我送给你们。老人非常高兴,连连挑起大拇哥。法国国际文化艺术交流协会的主席苏妮玛女士见到这个情景,称赞我为真正的艺术家。我听了很不好意思,我理解她这个评价其实是对中国人品质的赞赏。我见过一位天真可爱的法国小朋友,他长着一双黑黑的眸子,一直静静地站在旁边看我写字。我问他,"喜欢吗?"他回答:"非常喜欢。"他告诉我他家也有中国字,我看出他想要又不敢张口的神态,就主动送给他一张。小朋友高兴得不知道说什么好,举着那幅字连蹦带跳地走了。我现场赠送作品,交了许多法国朋友。其中一个叫勃丽吉特的教师,是中国迷,她拜了一个中国留学生为师学习汉语。勃丽吉特多次邀请我到家里做客。在法国,在家里请客是最高的"礼节"。她跟我说,自己的祖辈去过中国,跟她讲了许多来自东方古国的神秘故事,使她从小就迷恋中国,但一直没有去。四十年来,她梦想在家里宴请中国朋友,终于实现了。特别是请到了中国艺术家,她更加高兴。我送给她一幅"海内存知己,天涯若比邻"的条幅。她兴高采烈地从烤箱里拿出一个形同中国地图的大面包,面包上有"中国"字样。原来,勃丽吉特为了表达心意,特意做了这个"中国"字样的面包招待我。勃丽吉特拿起刀子就要切面包。我马上制止了她,开玩笑地说:"请不要切,你一刀下去,我有一种瓜分中国的感觉。"翻译给她听后,勃丽吉特不好意思地笑了,连连说:对不起,我没想到。

李治邦:作为艺术家出国访问举办展览的人,应该说越来越多了。但作为一名中国的警官出国举办书法展览,尤其是到法国这个艺术氛围浓厚的国家,恐怕还是第一次。我知道市公安系统为了提高思想和文化素质,举办的各种文化活动有声有色。每年一届的金盾艺术展演,红红火火的,成为一个有影响的文化品牌。有业余京剧团,有京剧票友去年在"和平杯"全国京剧票友大赛中获得了第一名。有合唱团,有舞蹈团,有书法家协会。听说你代表天津的警官到法国举办书法展览,出访前市公安局的领导为你送行,时刻牵挂着你,还给你提供了必要的经费。你到了法国,有没有淡忘警官的身份或者遇到什么故事?

马魏华:我虽然在法国,但我时刻没忘记自己是一名中国警官。在里尔市展览期间,有一天下着小雨,中午刚吃完饭,我一人步行去展厅,背着装有摄像机和照相机的背包。走到里尔市教堂附近的一个小胡同时,有三个外国小青年在闲逛,见四周没有其他行人,其中一个朝我走来。我看出他不怀好意的神情,大喝一声:"你们想干什么!"他们一听我讲的不是法语,另外两个也跟了过来。开始的那个人伸出手要抢我的包,我曾经在派出所工作几年,遇到这种情况没有惊慌。我冷静下来,先发制人,突然发力,把抢包的人打倒。后边的两个看到势头不妙,转身撒腿就跑。被打倒的那个人也急忙爬起来,嘴里不知道说的什么,我再要上前制服他,那个人也慌忙逃了。后来这件事传到认识我的法国人耳朵里,引起轰动,大家都说我的中国功夫不错。由于媒体报道我是一名中国警察艺术家,所以许多法国警察专程来看我的展览。当时没有翻译在场,我与外国的警察同行无法进行语言交流,只能用手势表达,挺有意思的。我给他们写字,边写边比画着字中的含义。外人看起来很滑稽,像是在说哑语,告别的时候他们都抢着和我合影,互相都敬举于礼,显示出警察之间的情谊。我清楚地记得中国驻法大使赵进军对我说的一句话,你是在中法文化交流年期间两度到法国办展的艺术家,说明你的作品在法国深受喜爱。希望你再次为国争光,为警察争光。后面这句话意味深长,对我的激励很大。

李治邦:了解法国历史,首先要了解巴黎,了解巴黎首先要了解它的艺术渊源。我知道你在巴黎拉德芳斯凯旋门艺术展览中心举办过书法展览。我从网上知道这个中心坐落在著名的香舍丽榭大街延长线上,和凯旋门对街相望,高110米,是巴黎著名旅游景点之一,在其上可以鸟瞰全巴黎。展厅面积1600平方米,是全法国面积最大、规格最高、风景最美的展厅。许多法国艺术家以在此办展览为荣。从20世纪80年代初建成到现在,许多重大国际会议在此召开。若办商业展,每天租金 5000 欧元,相当于人民币 5.3 万元。我知道,你这次展览属于中法之间的文化交流展,所以法方没收任何费用。而这种待遇是高规格的,除了对中国书法艺术的尊重以外,也算是对你在法各地举办书法展览的一种褒奖吧。

马魏华:我从法国回来以后,接受中国驻法大使馆正式邀请,让我参加了国庆五十五周年的招待会。我想,也许是我第一次展览引起了他们的注意吧。2004 年的 9 月 26 日,我再赴巴黎。我的展览被安排在拉德芳斯凯旋门艺术展览中心举办,由法中文化交流协会主办,驻法大使馆的文化参赞刘先生主持了开幕式,并为我的书法展览题词。艺展中心主任埃·黑克先生及法国文化部的代表出席了开幕式,参加开幕式的还有法国六个省市的七个市长。展览展出了我的书刻作品 115 件。开幕式期间,凤凰卫视以及《欧洲时报》都进行了专题报道。《星岛日报》做了"马魏华——首位登上巴黎艺展高地的中国警察"的专访。展览原计划是 10 月 2 日到 15 日,由于观看的人数不断增多,受到欢迎,法方延期到了 28 日。后来,六个城市的市长看完展览达成共识,巴黎的展览结束后,从 11 月 14 日起为我在六个城市举办巡回展。展览期间,我进行了 10 场书法表演,书写了近 200 幅作品,又一次无偿地赠送给了观众。展览结束后,新凯旋门艺展中心特意收藏了我的一件作品,中国驻法大使馆还特意选用了我的五件作品准备作为"国礼"。法中文化交流协会会长林品红女士特聘我为该会"特别艺术顾问"。法国著名雕塑家路易·路别郎非常喜欢我的作品,他来看展览,看得很仔细。看的过程中,他私下想用 2000 欧元购买我的一件作品。我当即表示要送他。他有些意外,紧紧地拥抱我,很高兴地对我说,我提出的 2000 欧元是有价的,可你的作品是无价的。转天,他觉得过意不去,送给我两幅他自藏的素描作品,并提出有条件的话,与我合办一次中法合璧的艺术展。有当地的朋友告诉我,路易的作品被法国政要及展馆多次收藏,法国前总统希拉克也非常喜爱他的作品,收藏了他五件作品。在法国路易是一位非常有名的艺术家,他的作品从不送人。我想,是不是由于我的慷慨,也着实打动了他,让他破了例。2005年是中法文化交流年,我们邀请路易在美丽的杭州办展览,他再三约我9月份务必参加开幕式。

李治邦:你是一个普通的中国警官,警衔是二级警督,在市公安系统又是做老干部工作的。你不是一个公众人物,在书法界也不显山不露水,默默无闻。但你两次赴法举办个人书法展览,巡回多座城市,成为新闻记者追逐采访的对象,为推动中法人民之间的友谊做出了贡献。你回来已经几个月了,你的这些辉煌业绩没有被披露,更不被人所知,可你依旧如平常一样,心静如水,你怎么能做到的呢?

马魏华:我真的没什么,在书法届我也属于不出色的,很多老师和同道都比我优秀。我到法国举办展览,更多的是介绍中国的书法。他们喜欢我,实际上是喜欢中国的书法艺术。我之所以特殊,是因为我的身份,我是一名中国警官。我想,知道我马魏华不重要,知道我是中国天津人,天津的警察,我就心满意足了!

精武魂和郎荣标

天津近代史上有一文一武之说,文即是弘一大师李叔同,武则是爱国武侠霍元甲。霍元甲的故乡在天津的西青区,以前叫小南河村的地方。后来天津市民政局审核并报天津市人民政府批准,2009年1月18日起更名为精武镇。

说起精武镇,就要说到郎荣标。我和郎荣标认识是因为他要策划一场以霍元甲精武精神为主题的晚会,我和他相谈甚欢。后来因为种种原因,他的策划没能实现。今年他联络策划人倪音海等高手,终于完成了这个夙愿,把这台名为"武传奇"的晚会搬上舞台,引起了轰动,那是后话。

郎荣标是一个武林界的传奇人物,他把武术世界锦标赛、亚运会、全运会、全国锦标赛的冠军都拿到手,是名副其实的大满贯得主。我对郎荣标的印象就是干练、果断,有大智慧和大胸怀。四十多岁的人,经历极为丰富。他当过国家武术队的队长,后来任天津武术队的总教练,又和爱人侯冬梅创建了在全国赫赫有名的霍元甲文武学校。他最辉煌的是那 46 枚金牌，就是说将大满贯的奖牌加在一起是 46 枚。他最拿手的是南拳，有人说他是南拳王。其实南拳是南方的武术项目，可郎荣标硬是把这个南方的拳法发挥得淋漓尽致，到了完美的程度。可郎荣标对我说，他最得意的不是这个，而是他在霍元甲文武学校培养出了数十位世界冠军、全国冠军。

他最崇拜的是霍元甲，他也是奔着霍元甲来到了精武镇，开始创办文武学校。他的办学理念就是将学校打造成集训练、演出、交流、旅游为一体的武林胜地。他在学校讲课做事排练演出都在讲霍元甲，讲精武精神。他对我说，知道不知道我郎荣标无所谓，但进到这个学校必须要崇尚霍元甲和精武精神。他当初办校的动力，就是要像霍元甲那样创办"精武体操会"，将武术运动发扬光大。学武的苦众所周知，郎荣标号召孩子们必须要学会吃苦。他 11 岁就开始习武，每天早上五点多起来跑步、练基本功。寒冷的冬天，他曾经把指甲冻掉过。训练时没有专业场地，他的身体一次次摔在硬邦邦的地上，一天下来浑身酸疼。刚开始一起练武的孩子有二十几个，几年下来，仍然坚持认真练习的只剩下郎荣标一个人。他自己是这么做的，他也要求学员们做到。现在学员们大都是独生子，娇气惯了。可在霍元甲文武学校必须懂得吃苦，而且能够吃苦。为什么吃苦，是要"继承霍公遗志，弘扬尚武精神，满足社会需求，培养精武人才"，"继承霍元甲先生的爱国思想，向世界弘扬中华武术的历史文化。"

我对郎荣标还有一个印象，那就是自信。他对我说："以前练功夫是随心所欲，走到哪练到哪。可竞技武术必须在长 14 米、宽 8 米的场地内进行，否则就要被扣分。就因为这一点，不知道挨了教练多少骂。我当时年纪最大、基础最差，这滋味是不好受的。练不好时自己也偷偷掉过泪,但即使在那个时候,我心里还是有一种自信,我可以做得比他们都好。"郎荣标开始给自己加码,晚上背着沙衣、沙袋,翻过大铁门,到田径场上去练习。跑步、跳台阶,练习旋风脚、飞脚等各种高难度的动作。后来他成名了,在一次训练时,跃起、旋转,落地的一刹那,他感到右腿膝盖一阵剧痛。经医生诊断是膝盖半月板碎了,只能手术摘除。这次受伤对他打击很大。医生下了结论,你不能再练了!但是郎荣标没有理会这些,转年就是全运会。他用冰敷膝盖、打封闭,每天照常训练。那段时间,他的膝盖每天都是肿的。在一年后的 1997 年全运会上,郎荣标一人拿下了两块金牌,1998 年又拿了亚运会金牌。

郎荣标把这种自信传给了学员们,学校初创时,落差很大。他对我说,原先很多光环、荣誉围绕着你。一旦失去了这些,一切都要从头开始,总有些不习惯。刚开始,学校没有几个人,郎荣标要当教练,做行政,还要当保姆,帮助孩子们打扫卫生、做饭。第一学期只招到 50 个学生。孩子们一边习武,一边在别的学校插班上文化课。正是因为郎荣标这种自信、认真和坚持,如今,学校已经有小学生、初中生 1800 多人。新增校园面积约 70 亩,建筑面积约 22000 平方米。具备中、高级教师职称的人数已经占到教师总人数的 85% 以上;武术教练方面,有国家健将级教练员 5 名,国家一级教练员 10 名和国家二级教练员 20 名。其中三分之一的教练员具备本科学历,大部分教练员具备大学学历,他们在职业生涯中均多次获得全国武术锦标赛、大奖赛冠军,最低也是省级武术冠军级别。郎荣标的思路十分明确,霍元甲不是中国的,而是世界的。全世界的功夫爱好者都知道有个霍元甲,都想来中国观摩和学习,为什么不打造一个全方位的交流平台呢?这个全方位包括专业选手的训练、武术爱好者的培训,武术表演、展示,设"擂台",打造有影响力的武林大会。有志者事竟成,继 2010 年天津市西青区成功举办了"世界精武·霍元甲英雄会"后,西青区又一次举办了第十二届世界精武武术文化交流大会。郎荣标说,武术起源于中国,这毋庸置疑。因为自强不息、崇尚正义、坚韧不拔的武术精神其实就是中华民族的精神。我们在霍元甲的故乡复兴武术运动,其实也是在留住霍大侠的根,复兴我们的民族精神!

我和郎荣标开始频繁接触,是因为他策划打造的大型功夫舞台剧《武传奇》。他把北京和天津的策划创作高手云集在精武镇,酝酿了短短几个月,一台由学校师生精心打造的功夫舞台剧《武传奇》如约精彩上演。当序幕拉开,舞台机械、舞美、灯光的变化率先将观众带入了梦幻情景。在演出班底中,获得过世界、全国冠军者有二十余人,获得过省市级冠军者有三十余人,总共获得的奖牌数达八百余块。剧中时间跨越 16 个朝代,在 80 分钟的精彩演出中,讲述了原始社会末期、春秋战国时代、宋元明、晚清、中华民国五个典型时期的传奇武术故事。通过会盟、铸剑、门阵、游侠、打擂、武魂六幕衔接,展示了近百套兵器和拳术套路。这部舞台剧以中华传统武术发展为脉络,将"止戈为武""和谐共生"等中华民族的智慧,通过武术表演进行全新诠释。舞台上,演员们个个身怀绝技、身手敏捷,再配合美轮美奂的"3D"舞台背景、气势磅礴的音乐,精彩不断。担任总导演的倪音海是我朋友,他对我说起郎荣标,说这是一个必须要做的事情,因为是郎荣标的诚恳邀请。

天津市把霍家拳列为了第四批"非遗"项目,在十三届全运会开幕式上,郎荣标又率领着几百弟子表演了霍家拳,引起了全场的热烈喝彩。郎荣标有幸在精武镇,而精武镇有幸有了郎荣标。

他山之石

青海"花儿"

去青海几次,除了去青海湖以外,我必须要去听"花儿"。"花儿"是一种具有浓郁民族风情的歌唱方式,在青海、宁夏、甘肃都流行,被评为世界非物质文化遗产。我在青海看见过几千人站在山坡上唱花儿,穿着最绚丽的民族服装,从日出唱到日落。那场面让我看得热血沸腾,心旷神怡。前几年,我曾经请青海的花儿歌手来天津演出。后来,我跟天津音乐学院副院长靳学东商量,能不能到天津音乐学院去演一场。靳学东高兴地说,好啊,让学生们听听什么是民族的,什么是百听不厌的"花儿"。结果,青海的"花儿"歌手在音乐学院演出了一场,座无虚席。男女歌手对唱,情真意切,音调悠扬。女歌手缠绵地唱道:"十一腊月寒冷天,羊吃了路边的马莲;若要我俩的婚缘散,冻冰上开一朵雪莲!"歌声真是很好听,纯净似水,沁到你肺腑里。接着男歌手迎上去手拉手对唱,小伙子很帅气,张口唱道:"红胶泥锅头心风匣,拉一把,灶火里可有了火了。远路上有我的心肝花,腔子上打,身子儿由不得我了。你踏上辣子我踏上蒜，辣辣儿吃一回搅团。配上尕妹了唱一天，喝一碗凉水是喜欢。"

我对青海"花儿"的喜爱还是在小时候，那时，天津流行《"花儿"与少年》，其实就是青海的"花儿"。"春季里么就到了这，迎春花儿开，迎春花儿开。年呀轻的格女儿们呀，踩呀踩青来呀，小呀哥哥小呀哥哥呀，小呀哥哥呀，小呀哥哥呀，手挽上手儿来。"那时我在平山道小学，音乐老师姓韩，教我们唱。当时大家都爱唱，虽然还小，但是唱得心花怒放。可能我情窦初开就是因为唱这首"花儿"。后来"文革"期间批判了，说是靡靡之音。可就是这首靡靡之音在全国风行了，让很多人知道了还有一种歌叫"花儿"，它像"花儿"一样开放，姹紫嫣红。我那年去青海听到一个唱"花儿"的故事，一个唱"花儿"的老人因为唱"花儿"死里逃生。第一次他是被土匪逮起来了，给他绑在大树上，刽子手已经在磨刀了。他想死了就死了吧，可死以前得唱唱"花儿"啊，要不咽不下这口气。他就扯脖子唱，唱的都是情歌，那就是想他的老婆和几个孩子。土匪头子听他唱得流泪，最后让刽子手把他当场放了，并逼着他跟土匪队伍一起行动。第二次是国民党马步芳的队伍跟土匪打了一场硬仗，最后土匪都被打死了，活生生捆了他，说他是土匪，给他吊到村头。他又想起老婆和孩子，挣扎着唱"花儿"，唱的都是想念他老婆孩子的"花儿"，唱得马步芳手下的营长也流泪了，让人把他放下来，对他说，你就跟着我们队伍走吧，我们走到哪你唱到哪，我们都想自己的老婆孩子。第三次是共产党的队伍把马步芳队伍打败了，说他是国民党，这次没有绑他，也没有吊他，就是把他关在小黑屋里审问。他就在小黑屋里唱，唱的是家乡的山水，没想到连长听着了，连长是青海湟河人，也是眼泪汪汪，对他说，你肯定不是国民党，回家吧。他回家接着唱"花儿",1956 年,青海要找会唱"花儿"的人,最后找到了他。结果他去了北京人民大会堂唱了青海"花儿"。回来后给他披红挂彩,西宁的大人物都到火车站亲自接他。

　　青海群众艺术馆的颜馆长是我的好朋友,我请他到曹禺纪念馆讲"花儿",他给我们唱了一首"花儿","水有源来木有本,有房子就有个主人。唱花儿始终要找根本,什么人把花儿留给了我们。阴山阳山啊山对山,好不过挡羊的草山,尕妹妹出来门前站,活像是才绽开的红牡丹。千万年的黄河水不干,万万年不塌的青天。千刀万剐我情愿,不唱我花儿是万难。棉织布来丝织线,绣花时离不了扣线。东不指黄河西不指山,不唱花儿心不甘……"唱得听众掌声不断,我听出来他唱的花儿就是一种情感的宣泄。去年再去青海,颜馆长带我走进一家羊杂碎铺,抓上半碗羊杂碎,再舀上煮肉原汤,热一热后又把原汤倒掉,再冲上热汤,反复几次,肉熟了,再撒上芫荽,拿出一张大饼,掰着放在汤里边,不够口,还撂了半勺热辣子。颜馆长笑着说,唱"花儿"不吃这个唱不出来,说着小声跟我哼哼着:"一面的黄河一面的崖,半山里渗出个泉水来。这个房间你得每日来,我开门迎接你个来。"

河北梆子的燕赵魅力

　　记得去年，为纪念河北梆子大师银达子和韩俊卿诞辰，天津"非遗"保护协会、津南区文化局以及天津河北梆子剧院联袂在中国大戏院举办专题演唱会。那天下大雨，我是拎着鞋趟着水到了那里，看到的是已经密匝匝等在门口的观众队伍。当时心里一热，后来才知道有不少观众是从北京、河北省甚至是山东以及东北赶来的。那天晚上，中国大戏院锣声敲响，板胡拉起，达子腔和韩派的京津优秀传承人互相竞技，演绎着高亢嘹亮的燕赵之声。

　　我是河北省衡水安平县人，虽然我生在天津，但受到父母影响，从小就喜爱听河北梆子。我住在吴家窑大街九号楼，距离佟楼三合里的河北梆子剧院很近。很多小学同学都是河北梆子剧院的亲属，我经常跑去那里看排练和演出。我看过银达子，也见过韩俊卿和那几杆大旗的风采。我就觉得河北梆子好听，听着过瘾，有悲欢，也有喜悦，更有一种倾诉的感觉。在冀中平原这块肥沃的土地上，在广场，在公园，在茶楼，在剧场，在乡村的庙会，看的戏除了京剧之外，最多的是河北梆子。人们一般都喜欢河北梆子，因为河北梆子的声音高亢嘹亮，蕴含苍凉悲壮的音质。这应该跟苍茫的冀中平原有着极大关系，所谓"念天地之悠悠，独怆然而涕下"！估计是那种阔大和悲壮塑造了冀中人的性格，所以常常说"燕赵多慷慨悲歌之士"，表现在民曲民风上，也是异常的苍凉，令人闻之涕下。著名相声名家刘文亨学唱《打金枝》"这一件莽龙袍真正可体……"就曾经打动过我，于是我也学这段，后来跟天津河北梆子达子腔名家黄长明请教，唱得我心花怒放。著名作家王蒙说过，他的母亲喜欢听河北梆子，一说起《蝴蝶杯》就来情绪。记得天津群众艺术馆在石家庄第一次举办京津冀三地票友比赛，票友们在舞台上唱得畅快，台下爆满的观众看得也是过瘾，那几天河北梆子票友大赛成了整个城市美丽的风景。

据考察，河北梆子大约诞生于 1820 年至 1850 年之间。以北京、天津两大城市和河北农村为基地，逐渐向邻近省市传播。所以这三地的文化有着密切的传承关系。三地的河北梆子代表人物名声显赫，三地的河北梆子票友也是亲如手足。三地的观众也非常痴迷河北梆子这个剧种。2006 年 5 月 20 日，河北梆子经国务院批准列入第一批国家级非物质文化遗产名录。京津冀三地经常举办高水准的交流演出，三地的河北梆子演唱虽然母体相同，但也有不同的流派和风格。而不同流派的亮相都对河北梆子的发展起到了推动作用。现在天津河北梆子剧院不少知名演员都来自于河北省，到了天津又融入了津派风格。说起河北梆子，我最喜欢来自河北省的大家裴艳玲，那种雍容风度，那从容不迫，那种苍凉悲壮，让你享受让你喝彩。

算算传统工艺的成本

有天跟一个制作京胡的朋友聊天,算起来也属于"非遗"范畴。他制作的京胡很多著名琴师都喜欢,觉得演奏他制作的京胡就是一种福分。聊起来才知道,一把好京胡制作出来是多么不容易。首先是选精料,他每年都要跑福建的产竹地很多次,甚至今天刚回来,那边告诉他找到了一根好柱子,他也立马回去。他说现在福建的产竹地很少了,能找到上乘的适合制作京胡的竹子更是少得可怜。我拉过几年京胡,知道制作京胡的竹子很有规律,多少节竹子,竹节之间的距离,还有竹子的颜色和分量都是有很多讲究的。有了好竹子,剩下的就是制作了。每一个环节都很关键,差一点儿就会前功尽弃。当然还有后面的竹筒、鱼皮、弓子等。他告诉我,现在库存了几百万的竹子,估计下辈子也用不完。但有了找到好竹子的消息,他还是义无返顾地奔赴福建产地。我跟他说,你可以用你的库存了。他摇头,每一个琴师用的竹子都不一样,库存不代表都有了。我问他,那你的京胡多少钱一把呢?他犹豫了很久才心酸地说,真是不够工钱。前不久去台湾,在一个小地方看见了一把古琴,弹琴的人姓张,我站在那听完他的弹奏,觉得琴声悠扬,但厚重不足。感觉不是因为他的演奏水平,而是因为他的那把古琴。他对我说,确实如你所说,这把琴折合新台币几万多,听起来还可以,但真是一般的古琴。台湾的古琴制作人很少,因为这门制作手艺很难学,古琴的材料也更难找。他说每年都到天津,说起来是会琴友,找老师,更渴望的是能弹到好古琴。他说在天津曾经弹到一把好古琴,就是天籁之声。我记得天津有一位著名的书法家,把家里存的三把有年头的古琴卖了一把,卖了一千多万。马上有人遗憾地告诉他,你卖得太低了!

传统工艺的制作者是手艺人,其中有大师,有高人,也有普通人。不论什么人都是不可缺少的,都应该尊重甚至是敬仰。我看过扬州传统工艺制作人的演示,让我震撼的是三个扬州女绣工刺绣的一幅山水画。这幅画八尺左右,是扬州著名山水大师得意之作。三个女绣工绣了整整两年多,每天上班就坐在那里刺绣。日复一日,年复一年。而且不能刺错一针,不能马虎一时,不能走神刹那。两年多啊,我想要是换我得疯了。我几乎是贴着这幅刺绣看的,因为根本看不出是刺绣,就是一幅幽静深邃的山水画,一池碧水,几耸青山,一位老人撑一只竹筏在水中荡漾,远处的竹亭清秀而挺拔。我执着地要找出刺绣的痕迹,其中一个扬州刺绣工见我找得这么费劲,过来给我指点迷津,我才稍稍看出了针头留过的美妙。我问她们,这幅绝作多少钱呢?三个女刺绣工笑而不答,后来有个老板模样的人说,还没有定价,因为不好草率地说出来。其实很难定价,太高了卖不出,太低了对不起她们两年的心血。他感慨地对我说,现在能刺绣的人很少了,在我这里刺绣的有离开的,觉得吃不了苦,也赚不到更多的钱。

真是算不出传统工艺的成本,但能体味到其中的酸甜苦辣。

翁同龢与苏州评弹

前不久去常熟，文友肖克凡叮嘱我，一定要去看翁常熟，也就是翁同龢的故居。结果到了常熟住进宾馆，打听翁同龢的故居，不少人摇头说不知道。后来终于碰到一个明白人，告诉我走路十分钟就到，于是我按照他的说法走路前往，觉得是对老人家的尊重。想来翁同龢在朝四十余年参与了无数次重大政治活动，对中国近代史产生过深远影响。他力主变法维新，被康有为誉为中国维新第一导师。我边走边打听，很多人都说不知道，我甚至怀疑翁同龢故居是不是在常熟，为什么没有人知道呢。按照那位明白人的指点，说在一家医院的对面。我找到了医院，再问，有人指了指说，离这还有三里地呢，你走错了。我疑惑，反复寻找也没有看到翁同龢故居的牌子。我以为我确实走错了，就在我要走的时候，碰到一对路边下棋的人，我试探地问，其中一个人笑了，说你就在故居门口呀。我看了看，看到彩衣街的石牌子，想起翁同龢故居就在彩衣街。走进街里看到接踵的店铺，小心翼翼地走了十几步终于看到翁同龢故居,上面写着国家重点文物。走进里边,显得很是冷清,没有几个人进来,看到的是十几只猫。我生性怕猫,但几只猫也不躲闪,就在门槛那蹲着。翁同龢故居是由他父亲翁心存购得,是一座典型的江南建筑风格的官绅宅第,主厅彩衣堂有保存完好的明代包袱锦彩画,内容丰富,艺术价值极高。院子很深,里边有玉兰轩、知止斋、后堂楼、双桂轩、晋阳书屋、思永堂、柏古轩,真是一座深宅大院。原路走出来,回头看依旧是没有多少人进来。我问门口的工作人员,天天都这么冷清吗?他笑了笑,到常熟的人都去看风景买衣服,谁有心思到这里来呢。我感叹,翁同龢给常熟带来了一座故居,可没有带来多少文化影响。

从常熟到了苏州,只在这里呆一天,转天就返津。下午去耦园,在一个古香古色的厅里听了一个评弹演员唱了一首小曲,要了五十块钱。苏州评弹是我最喜欢听的,也是国家级的"非遗"项目。在曲艺界有"北听京韵大鼓,南赏苏州评弹"一说。我在那听,后面一帮游客跟着听。我不听了,那帮人一哄而散,喊着没人请了就走吧,喊得我心酸酸的。晚上我到观前街吃饭,就惦记着要听苏州评弹。记得我三次去苏州,都跑到白云观附近的一个茶馆听评弹,那是一男一女的搭档,扮相潇洒俊美,吴侬软语很是好听。可惜听众不多,有一次还赶上下雨,听众只有我和朋友这一桌。可是那对搭档依然认真给我们演唱,我一口气点了四首曲子,那一首《我失骄杨君失柳》让我陶醉很久。三次听评弹,让我知道了什么是美,这美有故事之美,也有曲韵之美。女演员斜抱琵琶梦眼凝情,轻挑琵琶弦,满场燕语莺声。除去一个美字,我实在不能说出更多的褒奖之词。饭没吃多少,我就跟朋友们说要去观前街听评弹,有人告诉我没了,我不信。跑去寻找,结果真的没有了。后来当地人告诉我，评弹还是有的，只是你不知道。可我依旧难除那份遗憾，苏州评弹就是苏州的文化符号，让人到处去找，多费劲呀。

杨三姐告状的背后

20世纪初，杨三姐告状一事曾经轰动一时，后来被评剧奇手成兆才编写成评剧，又成了一大社会新闻。20世纪80年代初期，赵丽蓉等人参与拍摄的电影《杨三姐告状》公映后，再次引起观众的喜爱和称赞。于是，这一真实事件与评剧艺术完美结合，成为当时人们津津乐道的话题。

据记载，有关杨三姐如何发现蛛丝马迹，怎么在老乡们的支持下告状，都是大家比较熟知的事情。早在验尸前两三天，人们就从四面八方赶来观看，高家庄周围十数里的客店均已住满，方圆数十里的人纷至沓来。由于围观的人太多，大家都想凑到近前看一个究竟，致使维持秩序的法警用马鞭抽开了一个围观的口子。等到验尸完毕，众人纷纷散去，地上留下了许多被踩坏的草帽。1919年10月5日开棺验尸后，这个引人注目的案件迟迟没有得到宣判，于是各种猜测纷纭而至。究竟为什么延迟了这么久没有宣判，发生了什么现在不得而知。一年后，直隶高等审判厅终于开庭公开审判。主犯高占英在法庭上百般抵赖，完全不承认杀人害命的犯罪事实，这就印证了拖延这么久的一个原因，有人在背后教唆高占英。毕竟高占英是有钱人，他想让这个有目共睹的案件消失，就必须要推翻重来。但人证、物证俱在，说明也有高人在背后给杨三姐撑腰，两军对峙勇者胜。天津高等审判厅依照中华民国临时政府刑律第七十八条，判处高占英死刑。时任天津高等审判厅厅长的就是杨以德，他还是当时的直隶省代省长。杨以德的旧居就在南开区二纬路41号，当时高家给他抬去了数千块大洋准备行贿，坏事做尽的杨以德犹豫半天，想到这件事轰动了整个津门，让他不敢接受贿赂翻案。

1919年10月6日，天津《益世报》发布了一则短讯："滦县高占英谋杀其妻一案，经高等审判厅判决，判处死刑。"在这里需要补充的是，直隶高等审判厅把这个案子转移到了天津地方审判厅处理，这个地方审判厅坐落在河北区李公祠东侧，也就是现在的河北区三马路一带。当时的审判厅长有两个人，究竟是谁担任了当时的审判官不得而知。一个是翁敬棠，一个是雷铨衡。这两个都是很显赫的人物，尤其是翁敬棠，曾任北京地方检察厅的检察官，后来调任天津地方审判厅当厅长，后来又升任北京地方检察厅检察长，不久再度高升为总检察厅检察官。后来他欲用金法郎贴偿庚子赔款，这样中国要再多赔偿1.3亿元，引起了公愤。翁敬棠身为检察官，罪责难逃。最后段祺瑞政府恼羞成怒，四处拘捕他，他不得不逃到天津。之所以要说这段，是因为牵扯到了杨三姐告状一事，由于民怨极大，这些身居高位的审判官，不得不顺从民意。

据说，杨氏兄妹听说绞死了高占英，急忙跑到刑场，人早已散去。这说明，当时没有人通知杨氏兄妹，这不是草率，而是暗含着很多因素。毕竟是穷人告倒了富人，这在一些当权者眼里是不舒服的。在杨三姐告状的第二年，著名评剧人成兆才随警世剧社来到黑龙江哈尔滨演出。有一天，杨三姐家乡的亲戚李兴州经商到了哈尔滨，将命案和杨三姐告状的经过告诉了成兆才。成兆才十分激愤，他也很敏感，觉得这是一个很重要的题材。立刻到滦县进行了采访，好在他的家就在这里，很熟悉。他连夜写出了评剧剧本《枪毙高占英》，全剧分上下集，一共56场。成兆才懂得怎么写戏，怎么把掌握的素材运用到剧本里。让观众看得过瘾，叫演员演得有戏。剧本完成后，成兆才亲自上阵饰演高贵章，由金开芳扮演杨三姐，从而诞生了我国第一部评剧现代戏。后来，改名为《杨三姐告状》。评剧也因此从一个流浪搭班的民间剧种，开始走向市井生活，最终走到了城市舞台。如今成了国家级的"非遗"项目，从小众走到了大众，这是成兆才当初没有预料到的。其实，《杨三姐告状》不是成兆才唯一选取民间素材创作的评剧，他根据当时发生的一起案件，连夜创作的《枪毙驼龙》也深得观众喜爱。成兆才体验民情，观察社会，针砭时弊，写得快，演得活。他根据朝鲜民族英雄安重根刺杀日本首相伊藤博文的新闻，创作了大型现代评剧《安重根刺杀伊藤博文》，由于地方反动当局横加干涉未能公演。他连续写了一百二十多部戏，比如大家熟知的《花为媒》《杜十娘》《王少安赶船》《占花魁》等，这些借古讽今的爱情剧目也深受老百姓的喜爱。

杨三姐告状这件社会新闻引发成兆才创作《杨三姐告状》，也印证了一个道理，就是当今社会不缺乏生动的故事，关键是怎么能捕捉到，还要讲好故事，创作出精品。想想成兆才常年行走在民间，熟悉生活，把握高度，熟悉俗语方言。他经常敛心静气，连夜伏案创作，呕心沥血，就知道这其中的奥妙了。

中国古典戏法的过去和现在

天津申报的中国古典戏法很早就获得了国家肯定,被评为国家级的"非遗"项目。现在的魔术真可谓五花八门,从刘谦的春晚亮相引起轰动,到后来魔术成了时尚的一个代表,到了眼花缭乱的程度。

那么中国的古典戏法是从什么时候开始的呢,有文字记载可追溯到四千年前的夏朝。而戏法的第一次兴盛,则在两千多年前的西汉。那时,戏法也是宫廷宴会的重要节目。班固所著《汉书》中记载,西汉元丰三年,汉武帝刘彻"设酒池肉林以飨四夷之客,作巴俞都户、海中砀极、漫衍鱼龙、鱼抵之戏以观视之"。其中的"漫衍鱼龙",应该就是早期的中国古典戏法。很有意思的是,来自西域的安息王,以"大鸟卵及黎轩善眩人献于汉",眩人就是来自西域的魔术师。他们是那个时代的西方魔术师,为汉武帝表演了吐火、自缚自解等。这也是有记载的中国古典戏法与西方魔术的第一次同台表演。或许从那时起,中国古典戏法与西方魔术就开始了相互借鉴与融合。到了明清时期,宫廷不再以戏法表演为主,开始了宫廷音乐和贵族舞蹈等表演。于是,戏法转向民间,随着表演形式和内容的丰富,深受老百姓的喜爱。后来发展日臻成熟,并分为"撂地"和"厅堂"两种表演方式。民间艺人划地为台表演戏法,是为"撂地";"厅堂"也称堂会戏法,是带上简单道具,在富贵人家寿宴、年会上表演的中型节目,有音乐伴奏,也编些应景话题增强表演气氛。

随着市井化艺术的逐步兴起,清末民初,各地均涌现出了众多的著名戏法艺人,并且戏法开始有了比较固定的演出场所,诸如著名的南京夫子庙,北京的天桥、天津的"三不管"。这一时期,各种魔术戏法节目在街头巷尾开始广泛流传,著名的"九连环""三仙归洞"等中国古典戏法,开始成为套路进行推广。一旦成了套路,老百姓又熟知了这个套路,戏法就有了市场,艺人与观众就有了互动。作为古典戏法传承人之一的王殿英,就是在这一时期开始崭露头角,凭借自己对古典戏法的创新与热爱,逐渐成为古典戏法北派的代表人物。

古典戏法分为南派和北派。南派戏法注重表演者的着装与表演,应该说与西方魔术融合得比较多。而北派戏法尤其是北京、天津地区,传统文化的味道比较浓,表演时服装更加复古,注重口彩相连。所谓说口,就好比现在的单口相声,如果是两人使口彩那就是对口相声。一边说一边表演,而且有包袱,有垫话,也有铺平垫稳。比如上台拿着一个茶杯,他就说:"我拿一个茶杯,杯是空的,我用布一蒙变出一杯水。"边说边表演。从头到尾像在说一个相声段子,边说边变,比较讲究变戏法过程中的抖包袱和语言结构。北派的艺人身着传统的长袍大褂,手持古典方形彩单,手中的道具诸如酒杯、筷子、镜子、丝巾等,多是百姓日常生活用品。而且跟相声演员一样,撂地划锅,所以他的道具一定是百姓常见的,能勾起观众回家试试身手的欲望。正所谓"三分艺,七分口"。古典戏法艺人时而"现挂",与观众适时互动,舞台上下相映成趣;时而"贯口",妙语迭出,亲切幽默,自然天成,彰显出中国民族语言艺术独特的魅力。

那时,戏法演员与相声演员的来往比较多,比如王殿英就跟很多的相声演员有过交往,都很熟悉。他给相声演员过一些戏法活儿,相声演员也给他讲述相声演员的表演口风和技巧。有不少相声演员会一些戏法,还有口技,都是双方来往的互传互利。

我见过一些古典戏法的经典表演,比如纸条变鱼,将撕碎的纸条复原后,置于空碗中以布蒙盖、用铁环套住欲变出金鱼。但由于表演者故意失手,将碗打碎并使之消失,后将布铺于原处,套上铁环,从环内将碗抠出;后再次不慎将布下边的碗打碎,此时掀开盖布,变出一只碗,盛有清水和金鱼。其实,这种表演很像相声里边的三翻四抖,最后将包袱抖响。还有两个演员表演的,甲置手帕于台上,变出鞋一只,乙欲与之竞争,用落活形式变出三戟瓶一只、寿桃一盘。然后,甲欲为难乙,令其将桃变回。后甲继续为难乙,令他拍打全身,向观众证实寿桃并未夹于腿间。在这期间,甲掷铜板于地以声惊吓乙,使之认为失手。玩笑过后,甲令乙再变回寿桃,乙出托却变出盛满水的海碗两只。甲再追问寿桃去处,乙直接从大褂下掏出,并不掩饰遮盖,最后令观众哈哈大笑。所有的表演,都是说口和表演结合,其实就是相声加戏法。甲乙的关系就是捧逗,较之相声的表演更加好看,更有动作性和夸张感。在我看过的戏法中,最典型的是叫做"金玉满堂"的段子:表演时以袜单遮盖,甲瞬间可从身上变出宫灯一对、玻璃宝塔一组、果盘十二只及大火盆一个。变出的彩品可铺满整台,具有民族传统特色,喜庆吉祥。演员身着肥硕的大褂,利用袜单遮盖,从身上变出宫灯、果盘、水碗、鱼缸及火盆等。常常伴以"连升三级""五子登科""富贵有余"等具有浓郁中国传统特色的吉祥话语。我在上海世博会上,看到了王殿英的传人肖桂森和他搭档的表演,下边坐着一些台湾客人,看完以后喝彩不断、掌声不停。一位台湾客人深有感触地对我说,他已经很多年没看过这种古典戏法的表演,过去看的时候还是小时候在南京,再看很是精彩。

我曾经询问过王殿英和肖桂森等,也和一些相声老艺人聊天。古典戏法的表演过去最注重什么,我总结就是一个火候。古典戏法的表演者与观众距离很近,没有什么大的道具。观众几乎能看到表演者的一切,甚至表演者后边都会站人。为什么古典戏法中的说口很重要,因为它有两个功能:一个是吸引观众转移注意力,这时候好进行表演;再一个就是有效果,让观众在说口中笑,也有了亲近感。火候的关键点要掌握好,那就是在口和手上。嘴皮子要利落,要能拢住观众,让那些想走的观众走不了。嘴皮子还得有包袱,说几句就有效果,就能让观众笑出声。有了笑声就有了信任你的点,就有了对你的手里功夫的调剂。

据说,古典戏法中有五大门类,表演者完全靠手上的功夫,道具上没有任何机关的设计,是手法门。我们经常见到的九连环,环,代表着圆满,在中国是吉祥的象征。民间流传着这么几句话:"老天爷,上九天,借环一用使未还,降龙伏虎把牛牵。"早在先秦时代,就有利用环表演戏法的记载,民间戏法"九连环"在国际上被称为"中国环"。表演"九连环"要求手法精巧,造型需要逼真。当然,古典戏法中也有不少靠道具所设计出的机关,完成表演效果,这就是彩法门。动画片《哪吒闹海》中的哪吒,变幻无常的混天绫是他所用的法宝之一。在古典戏法艺人的手中，也有着混天绫一样的道具，他们常以操纵丝巾或绳子完成表演，这就是古典戏法的丝法门。而依靠一些药物的化学原理，通过这些药物的特性，去完成表演效果的，就是古典戏法的汉法门。

古典戏法在表演形式上分为大戏法和小戏法两种，以上所述的几个门都属于小戏法，小戏法表演时，无需穿着长袍大褂，完全依靠手上功夫与简单的道具来达到表演效果。小戏法讲究"快"，大戏法要求有"带"。大戏法就是变出花瓶、鱼缸等较大器物，所以表演时艺人必须身着传统长袍，利用彩单遮盖，从长袍里陆续变出宫灯、果盘、水碗、一串装满水和鱼的大小鱼缸等很多物件，往往能摆满小半个舞台，通常由两个人同台表演。大戏法是现在中国古典戏法五大门类的最后一个门类，叫作落法门。

相声演员讲究的是说学逗唱四门基本功，古典戏法则讲究"捆、绑、藏、掖、撕、携、摘、解"八大技巧。正如我前边所述，古典戏法长期活跃于市井，由于演员"撂地"时四周围满了观众，戏法表演可以四面围观，这无疑就增添了表演的难度。所以说，古典戏法内部的规矩是有了绝活不能宣扬出去，如果有内部人看出门道，也只能闷在肚子里不能说破。现在刘谦表演完了，不少人就在网上把人家的门道说出来，其实是破了古典戏法的行规。众目睽睽之下表演，每一个手彩都需要琢磨，然后反复试验。藏着固然是本事，但解出来那就是能耐。观众看着这些表演者穿着马褂，里边鼓鼓囊囊的，都知道里边藏着什么东西了，但就是想知道表演者怎么捆在里边的，又是怎么摘下来的，到后面怎么一一表演出来的。比如表演者骨碌从地上爬起来，顺手捧出一个火盆，里边还燃着火苗子。观众就会想，这个火盆是怎么藏在表演者的马褂里的，如果瞬间点燃火苗子，又是怎么点燃的。而现代的西方魔术，在舞台上大多借助机械道具表演，而且只可从正面观赏，若从后面侧面看去，往往就会被揭秘。所以古典戏法这种可四面观看的艺术特点，是西方魔术舞台化表演所无法比拟的。

据考察，光绪年间，苏州人唐再丰用三十多年的时间，辑录了民间戏法表演种类和技法三百二十多套，汇集戏法专著《鹅幻汇编》一书，集中国古典戏法之大成，保存了大批濒临失传的节目。可是现在真正流传的只有不到一百套，剩下的两百多套古典戏法我们只能从古人的典籍中窥其全貌。现在，一些古典戏法艺人在掌握现有戏法表演的同时，也积极挖掘已经失传的古典戏法。但是面临最大的难题，就是已经很少有人能够制作出古籍中记载的古典戏法所使用的道具。然而，对于希望整理更多失传戏法的艺人来说，道具上的缺失，远不如人才的稀少更让他们痛心。王殿英老师传授给了肖桂森，而肖桂森再往下传就面临着困难，学习古典戏法无法像现代魔术一样速成，它是一个漫长而又枯燥的过程。不仅需要多年技艺的积累，更需要师父一对一的言传身教。

正像相声演员一样，都必须师父口传心授，这是不能改变的。一些地方办相声学校，一个老师带着一帮子学生，这教不出好学生。在浮躁的社会氛围里已经很少有人愿意去学习复杂烦琐的古典戏法表演了。习练过程的漫长与表演形式的单一，使得目前古典戏法的传承人屈指可数，全国十几人而已，主要集中在北京、天津、河北等地。从古典戏法诞生的那天起，就要跟观众互动，要让观众知道戏法的套路和规矩，这就好比体育。过去网球没人看，现在看的人多了，是知道了网球的比赛规则，于是有了兴趣。为什么棒球在中国兴盛不起来呢，就是大家不太了解里边的规则，也不想去了解。现在了解古典戏法的人不多，甚至很多人根本不知道古典戏法的存在，走入了误区。虽然目前国内现代魔术的需求量更大，但古典戏法在国外却广受好评，我觉得只有把古典戏法推出去，给它一个更大的展示平台，让更多的人知道它、了解它，才能焕发又一个春天。

中国古典戏法入选了国家级非物质文化遗产保护名录，使得这个濒临失传的传统艺术形式再次得到了人们的关注。戏法本身就是"游戏之法"，生于民间，盛于宫廷而后又归于民间。尽管时代的变迁使得古典戏法正在逐渐淡出人们的视野，但它所承载的传统文化内涵与传统审美价值，它所包含的民族智慧和精神，却永远不会被历史所湮没。

"非遗"传承人继承有没有拐点？

几个月前，温州泰顺遭遇洪灾，薛宅桥、文兴桥和文重桥三座国家级廊桥严重被毁。要想重新修复很难，关键是能修复的人只有两位了。其中一位是年过九旬的国家级"非遗"传承人董直机，再有就是他的大徒弟、省级"非遗"传承人曾家快。据曾家快说，如今能造廊桥的人几乎绝迹，因为这门手艺挣不到钱，技术又难学，没有人想学。后来得知，新造一座廊桥需要八个月的时间，如果重新修复被冲毁的三座廊桥需要的时间会更长。现在不少国家级和省市级"非遗"项目，由于"非遗"传承人短缺，类似修复廊桥技艺出现的问题，比比皆是。比如北京琴书，由于老艺术家关学曾的成就巨大，在北方产生了很大影响，致使张艺谋在电影《有话好好说》中选取了关学曾演唱的北京琴书，也成为北京传统文化的一个音乐符号。可关学曾去世后，他的传承人就出现了青黄不接的现象，即便有传承人在台上演唱，但听起来跟关学曾大师也有明显差距。宁河区的板桥镇盆罐村历史悠久，民间文化积淀深厚，是我国著名的手工制陶生产地之一。长期以来,盆罐制作工艺在宁河区经济发展中曾经发挥了十分重要的作用,也一直是盆罐村村民的重要经济支柱,这一生产技艺是劳动人民长期实践的体悟和智慧的结晶。在人们生活中一直富有实用和艺术鉴赏的双重特色。它为宗教学、民俗学、社会学、考古学以及宁河地方史研究都提供了重要的实物资料,具有史料价值和研究价值。可现在能制作盆罐的手艺人不多,年轻人更少。且不说发展,保留和继承下来都必须要下一番功夫。

京韵大鼓在天津很有脉络,几十年的发展和传承,涌现出了多个流派,刘派、白派、少白派、骆派,真可谓流派纷呈,姹紫嫣红。现在少白派无人问津了,刘派在小岚云等一批表演艺术家辞世后,在世的小映霞也是高龄,好在还有杨少杰、张秋萍等在舞台上献艺,韩梅等新生代在成长,但也感觉后备力量薄弱。骆派被评为国家级非物质文化遗产。骆玉笙把京韵大鼓推向了一个高峰,而且让更多的人领略到了京韵大鼓的艺术魅力。如今,骆派京韵大鼓的传承人陆倚琴、刘春爱对骆派艺术的传承和发展起到一个至关重要的作用,有了领衔人,就有了接班人,比如冯欣蕊等。有人扛起了大旗,就会带徒弟,就会延续。但现在年轻人还没成熟,大都是学了皮毛,还是在像与不像间徘徊。传承人必须是传承精华,领会核心。传承人不解其中的精粹,不懂得先辈的要领,那么传承就会走板。天津时调表演艺术家王毓宝,从 20 世纪 70 年代开始逐步走向高潮,并且能坚持到现在的精彩收官实属不易。她在演出之余还孜孜不倦地从事教学工作,难能可贵。正式拜她为师的除了高辉、刘迎、刘渤扬、陈淑萍等外,还有美国华盛顿大学民族学博士候选人白卓诗女士等。可惜的是天津时调的继承人也不是很多,天津时调是本土的"非遗"项目,应该像董湘昆的京东大鼓那样发展和传承。有点有面,有队伍,有作品,有品牌活动。

天津的中国古典戏法是国家级"非遗"项目,讲究"捆、绑、藏、披、撕、携、摘、解"八大技巧。天津的古典戏法长期活跃于市井,演员"撂地"时四周围满了观众,戏法表演可以四面围观,无疑增添了表演的难度。所以说,古典戏法内部的规矩是有了绝活不能宣扬出去,如果有内部人看出门道,也只能闷在肚子里,不能说破。天津的古典戏法最注重什么,说来就是一个火候。古典戏法的表演者与观众距离很近,没有什么大的道具。观众几乎能看到表演者的一切,甚至表演者的后边都会站人。为什么古典戏法中的说口很重要,因为它有两个功能,一个是吸引观众转移注意力,这时候好进行表演。再一个就是有效果,让观众在说口中笑,也有了亲近感。火候的关键就在口和手上。嘴皮子利落能拢住观众,让那些想走的观众走不了。嘴皮子还得有包袱,能让观众笑出声。肖桂森是古典戏法的国家级传承人,应该说承前启后,那么他的下一代如何传承这一古老艺术就是一个难题。现在王迎等年轻演员在接棒,能接到什么程度,如何发扬光大也是一个实际难题。

传统的杨柳青木版年画选材考究是特色之一,精品年画纸应选用精制的绵连宣纸,线稿印刷要用天津、河北一带的野生杜梨木画版和徽墨,在春分前后一次性印刷,彩绘用天然原材料人工调制的品色,裱褙用纸与画面应一致,全过程均采用纯手工制作。目前,市场上用绵连宣纸制作的杨柳青年画已不多见,用纸多以机械化生产的普通宣纸为主。由于常年无序的砍伐,野生杜梨木现在是稀缺木料。即便有木料,能刻版的传承人也是凤毛麟角。很像廊桥修复技艺,难学,挣钱不多,吸引人的地方不多,就显得冷清。特别是一些新技术的出现,使部分传统技艺受到巨大冲击,最为突出的是石板印刷、铜版印刷、胶版印刷技术相继被引入年画制作后，木板雕刻技术和手工印刷技术极度萎缩。还有装裱，装裱也是非遗传承人的绝活。机械化装裱技术已基本替代了手工装裱。再比如天津的京胡制作、葫芦制作以及风筝制作等，都因为手艺太难学，收益又不大，在传承方面受到了影响。天津西青区的笙制作，几代人传下来，后代不愿意学，传承人就到处找徒弟。他说，不能眼睁睁让这门手艺失传，那就对不起祖宗了。

随着"非遗"这个名词不断扩张，中华民族优秀传统在弘扬，"非遗"传承也是一个必须要解决的难题。滨海新区汉沽文化馆在评剧的传承方面就走出一条新路，政府重视，资金落实，名家传授，学习踊跃。天津相声的传承就是靠着小剧场的团队，以老带新，有步骤、有目标、有方法地传承。相声艺术节的不断举行，就是为传承搭建了一座舞台。相信拐点是有的，是需要所有人努力的。要让"非遗"传承人学会真本领，适应新市场，不能把老祖宗留下来的宝贝在我们这一代丢掉！

后 记

　　我从 2004 年起正式接手天津的非物质文化遗产工作，一晃到现在十几年了，算是全市最早的一批"非遗"工作者。而且，算起来也是全国最早进行"非遗"工作的开拓者，因为国家的"非遗"工作也是在那时候起步的。前不久，我突然有了兴致，跟问津书院的王振良说起想出版一部关于"非遗"的书，也是我这十几年的积累。王振良高兴地说："好啊！"这一句"好啊"，让我开始寻找十几年间写过的有关"非遗"的随笔和体会，居然林林总总找出来48篇。我在重新梳理的时候，觉得我的"非遗"文章跟国家的"非遗"发展脚步是同步的，记载着从陌生到熟悉，从不认识到充分理解"非遗"的重要性。记得有一次，我去某知名企业动员他们申报"非遗"，企业老总客气地跟我说：你就说你们要多少钱？我没有明白，后来这家老总又说了一遍，我才知道他以为我是要赞助的。我当时说了一句话："非遗"不是你给我钱，以后恐怕是我们要给你钱！他听完哈哈大笑说：现在都是找我们要钱的，谁会给我们钱呢！？

　　我总爱说的一句话就是,中华优秀传统文化的精粹在哪里? 就是"非遗"。我们的吃穿住行都跟"非遗"息息相关,我们的生活方式和文化欣赏都离不开"非遗"。我们就是用"非遗"这条线紧紧拴着中华传统文化的传承和发展,让大家看得见摸得着。我发表的这48篇文章,说天津的居多,也可能是天津传统文化深深地打着烙印,让我感受颇深。比如曲艺,比如妈祖信仰和皇会,比如中医药,比如京剧、评剧、河北梆子,还有其他更多的。

　　我从小就喜欢曲艺,总去南市的园子里去听,去看,去陶醉。后来我进了部队宣传队,也是拉京胡,弹月琴,从京剧二黄里感受着传统文化的博大精深。我在部队时还说过相声,在首都体育馆说,当时我是捧哏的。后来我跟别人谈起,没有几个相信的。转业到天津群众艺术馆,后来当了馆长,接手天津的"非遗"工作,我觉得找到了一种久违的亲切感,那种扑到母亲怀里的感觉。我发表过不少文学作品,长篇小说和中短篇小说集,散文集也不少,但都没有这次出版"非遗"文章汇编这么兴奋。"非遗"就是一部教科书,永远都要学习。"非遗"就是一部新华字典,不懂就要翻出来认真体味。我退休了,但觉得"非遗"还是我的母体,谁要是说"非遗"两个字我就抖机灵,就去发现和推广。

　　出版这部书,要感谢王振良先生,他的所作所为感动着我。

　　出版这部书,要感谢张春生先生,我跟他说"你给我写个序吧",而此前我出版的书很少找人写序,可这次我想有一个见证人。

　　出版这部书,我还要感谢"非遗"这个特殊的工作,给了我知识,给了我启迪,给了我对中华传统文化一个深入学习和感知的机会。

最后还得交待一下，因本书所收文章都发表于数年甚至十数年前，文中提到的人物有的已去世，涉及的茶馆、戏园或剧场、剧团等，有的已搬迁乃至解散，逐一修正会影响原意和行文，此次仍保留发表时的面貌。这一点需读者见谅！

李治邦

2017年11月6日

《问津文库》已出书目

（总计 89+3 种）

◎ 天津记忆

品报学丛.第二辑　张元卿、顾臻编　　　　　　32.00 元

刘云若评传　张元卿著　　　　　　　　　　32.00 元

郑证因小说经眼录　胡立生著　　　　　　　78.00 元

品报学丛.第三辑　张元卿、顾臻编　　　　　48.00 元

刘云若传论　管淑珍著　　　　　　　　　　48.00 元

品报学丛.第四辑　张元卿、顾臻编　　　　　58.00 元

走近姚灵犀　张元卿、王振良编　　　　　　58.00 元

◎三津谭往

三津谭往.2013　王振良主编　　　　　　　39.00 元

三津谭往.2014　万鲁建编　　　　　　　　39.00 元

三津谭往.2015　孙爱霞编　　　　　　　　48.00 元

三津谭往.2016　孙爱霞编　　　　　　　　58.00 元

三津谭往.2017　孙爱霞编　　　　　　　　68.00 元

◎九河寻真

九河寻真.2013　王振良主编　　　　　　　59.00 元

九河寻真.2014　万鲁建编　　　　　　　　59.00 元

九河寻真.2015　万鲁建编　　　　　　　　88.00 元

九河寻真.2016　万鲁建编　　　　　　　　98.00 元

九河寻真.2017　万鲁建编　　　　　　　　98.00 元

◎津沽文化研究集刊

《雷雨》八十年　耿发起等编　　　　　　　55.00 元

陈诵洛年谱　张元卿著　　　　　　　　　　48.00 元

碧血英魂:天津市忠烈祠抗日烈士研究　王勇则著　　98.00 元

都市镜像:近代日本文学的天津书写　李炜著　　38.00 元

天津楹联述略　李志刚著　　36.00 元

口述津沽:民间语境下的西沽　张建著　　56.00 元

口述津沽:民间语境下的西于庄　张建著　　108.00 元

紫芥掇实:水西庄查氏家族文化研究　叶修成著　　58.00 元

芦砂雅韵：长芦盐业与天津文化　高鹏著　　58.00 元

王南村年谱　宋健著　　78.00 元

国术之魂:天津中华武士会健者传　阎伯群、李瑞林编　78.00 元

来新夏著述经眼录　孙伟良编　　198.00 元

举火烧天:天津抗日杀奸团纪事　杨仲达、陶丽著　　68.00 元

◎ 津沽名家诗文丛刊

王南村集　王焞原著/宋健整理　　68.00 元

严范孙先生古近体诗存稿　严修原著/杨传庆整理　　48.00 元

星桥诗存　苏之銮原著/曲振明整理　　58.00 元

退思斋诗文存　陈宝泉原著/郑伟整理　　88.00 元

待起楼诗稿　刘云若原著/张元卿辑注　　42.00 元

刘大同诗集　刘建封原著/刘自力、曲振明整理　　88.00 元

碧琅玕馆诗钞　杨光仪原著/赵键整理　　58.00 元

石雪斋诗稿(附遂园印稿)　徐宗浩原著/张金声整理　　68.00 元

紫箫声馆诗存　丙寅天津竹枝词　冯文洵原著/杨鹏整理　　88.00 元

思暗诗集　华世奎原著 / 阎伯群整理　　38.00 元

止庵诗存　周学熙原著 / 宋文彬整理　　128.00 元